YOSHINORI GOTO Presents

# GO-CON STRONGEST SYSTEM

Text by

KEISUKE NODA



SEIKO SHOBO

# 合コンの奥義を全公開しよう

自慢じゃないが、僕ほど、合コンに精通している男は、日本広しといえどもいないと思っている。なにせ、大学時代に行った合コンの数は、五〇〇回以上、三日に一度は合コンを実践していた計算になる。それこそ、ＯＬ、学生、人妻、おミズ、デパートガール、ありとあらゆる方々とお手合わせをした。僕の学生時代は文字通り、合コンに始まり、合コンに明け暮れたといってもいいほどだ。

僕が合コンに、これほどのめり込んだのは、正直いって女の子を抱きたかったからである。誰だって覚えがあるだろうけれど、十代から二十代にかけて、何よりも、「女を抱きたい」が優先する時期がある。僕も僕らの友人も大学に入って、そのことばかり考えていた。もちろん、頭で考えているだけじゃ、どうにもならない。そこで、僕らは街に出て、片っ端から道行く女の子に声をかけて、ナンパを試みた。でも、うまくいかない。そりゃそうだ。ルックスが良ければ引っかかる子がいるんだろうけど、悲しいかな、僕らはどこからどう見ても並の大学生だったからだ。おまけにテクニックのかけらもなかったものだから、ただただ黒星の山が築かれていくばかり。

でも、人間、諦めずに続けていりゃあ、何かしら知恵が湧くものだ。ある時、ふと気づいた。待てよ、ナンパだからむずかしいんだ、合コンならどうか。一対一じゃ、嫌だって断られても、「じゃあ、合コンやりませんか」で行けば、向こうも応じやすいんじゃないか。ナンパが失敗した時の逃げ道にもなるし。

実際に、この方法を使ってみると、合コンならOKという子が何人もいる。なら、メンバーを集めて、やるしかない。こうして、大学の友人たちとチームを組んで、僕の合コン三昧《ざんまい》の日々が始まった。

もっとも、最初は思惑《おもわく》の外れっぱなし。こっちは何せ抱きたい一心だ。狙いはヤリコン系一本。ところが、ヤリコン系は、ルックスがものをいう。うまくいく時も希にあるけど、大半は失敗。確率があまりにも悪過ぎる。

そこで今度は、成功確率を上げるために、いろいろ工夫を試みた。チーム編成を変えてみてはどうか。たとえばメンバーに関西弁の人間を入れてみる。関西弁を使うだけで、吉本のお笑い芸人を連想させるのだろう、女の子になぜかウケるのを知っていたからだ。ひとり関西弁を使う人間が混じっていると、グループ全体がお笑い系だと錯覚するので、合コンの場は盛り上がる。他にも、カッコイイやつをひとり入れたチームや体育系のチームなどバリエーションを変えていくつかのチームを編成して、合コンをやってみたんだ。

確かに効果はあった。しかし、これもチームによって得意不得意ができる。モデル系には強いが、学生系にはまったく通用しないとか、OL系にはウケがよくても、デパートガールには、見向きもされないとか。

詳しくは本文で述べるけど、こうした試行錯誤を重ねるうち役割を分担させるようになり、システムらしいものができあがった。しかし、この時点でもまだまだ、合コンが始めると冷えてしまうという状況が何度もあった。

壁を破ったのは、関西から手に入れたある合コン虎の巻である。この虎の巻をベースにして、僕の合コンの回数を重ねていった結果、どんな相手でも高い確率で通用する最強のシステムができあがったのだ。

以来、合コンをして女の子を抱けるのは、当たり前の世界になり、やがて、僕らの興味は、知り合った彼女たちをその後、どう活用するか、に焦点が移った。たとえば、ファッション関係の女の子と合コンをやって、みんながベッドインした。じゃあ、今度の学園祭に、彼女たちを使って何かをやるか、といった具合だ。

僕らが確立したノウハウとシステムをマスターすれば、誰だって女の子を抱くことぐらいはできるようになるはず。本書では、その合コンの奥義ともいえるノウハウをマニュアルとして余すことなく発表している。合コンは、チームスポーツだ。個人では、モテないキミも、チームを編成することによって、自分でも驚くほど女性関係が好転する。さあ、合コンがキミらを待っている。後は本書の手順に添って、実践するのみ。

CONTENTS

## システムII　合コンのセッティングと事前戦略

## システムⅢ　連戦連勝の最強合コン術

## システムⅣ 敵を見抜いて攻め落とせ

## システムV　ゲームとコールを完全マスターしよう

## システムVI 抜け駆け、セックス自由自在の高等戦術

SPECIAL THANKS

堀謙一郎

中村彰夫

坂本晋二

高橋由之

前田順一郎

ILLUSTLATION

柳田香菜子

BOOKDESIGN

フロッグ キング スタジオ

# プロローグ

## 合コンはまさに「チームスポーツ」なのだ

僕らの「合コン最強システム」の概略から説明しておこう。

合コンとナンパの違いは何か。そう、最大の相違点は、合コンは「複数対複数」なのに対して、ナンパは「一対一」。僕らのシステムは、この性格の違いを最大限に生かすシステムなのだ。ズバリ、チームスポーツとしての合コン。分かりやすくいえば、個々にプレーをするのではなく、それぞれが「ポジション」を決めて、チーム一丸となって合コンを成功させる方法が、僕らのシステムってわけ。

ひとりではモテない男でも、僕らのシステムを忠実に実践すれば、思わぬ戦果が上げられる。なぜか。簡単な理屈だ。

モテる男はどうしてモテるか。ルックスがイイといった要素を抜きにすれば、次の三つを同時にうまくこなしている。ひとつは「トーク」、二つ目は「仕切り」、三つ目は「気配り」だ。しかし、凡人がこの三つをひとりで集中してやろうとすると、普通、どれかがおろそかになる。先天的な才能がいるし、たとえ後天的に身につけられたとしても、相当な努力が必要だ。

その点、合コンでは、この三つを分散させられる。仮に三人のグループだとすれば、ひとりが「仕切り役」をやり、ひとりは「トーク」に専念し、三人目は「気配り」に徹すると役割を決めると、やるべきことはそれぞれひとつ。才能がなくても、ひとつぐらいなら、合格点のレベルまではできるようになるってわけだ。

かつて、「ZOO」というダンスグループがいた。メチャメチャ若い女の子たちにも人気だったが、ひとりひとりの顔と名前を知っているかといえば、ほとんどの子たちがわからなかった。ちなみに本書の監修者、後藤さんはひとりも知らない。彼らは、ひとりひとりはたいしたことはないが、グループになるとなぜかカッコイイ。僕らが目指したのも、まさに「ZOO」。合コンだからこそ、モテるグループに変身できるのだ。

実際、合コンでうまくやっているグループを観察してみると、きちんと理論付けできているかどうかは別にして、本能的にこの三つの役割を男たちが演じ分けている。僕らが目をつけたのもそこで、「役割分担」をはっきりさせれば、特別な才能がなくてもいけるんじゃないかと考えたってわけ。で、実践してみると、威力は想像以上。システムを磨いていくと、「最強合コン軍団」ができあがった。

合コンはいってみれば、団体競技だ。平凡な実力しかない人間でも、みんなが力を合わせて、それぞれの役割を演じ切れば、総体としてはモテる男ひとり分並みの存在にはなれる。

さらに集団のメリットとしてはまず、「勇気が出る」がある。たとえば、ひとりでは女の子と喋る勇気がない男でも、集団なら意外にスムーズに会話に飛び込んでいける。ひとりで女の子に相

**このスペースではポイントとなる鉄則を伝授していく。心して熟読すべし！**

対するのは、慣れていないと間がもたないが、チームだと大丈夫。へたに焦って、妙なことを口走ってしまう危険性も低くなる。

合コンの「集団力」のすごさを端的に物語っている例がラグビーのチームだ。ラグビーチームは、合コンというジャンルでは頭抜けてステータスが高い。ＯＬ、女子大生はもちろん、モデル系の高水準の女の子たちだって、大学のラグビーチームと合コンをやりたがる。ところが、ラグビーチームの連中をひとりひとり切り離してみると、単なるデブだ。世間一般でいうイイ男像とはかけ離れている。ルックスに限れば、どちらかといえばモテない男の部類に入る。でも、実際には、合コンというチームスポーツでは、憧れの的。集団と個人では、まったく違う世界が開ける。

## 数々の試行錯誤、ついに最強システムが生まれた

「合コンはチームスポーツ」、僕らがこれを認識するまでには、試行錯誤の連続だった。合コンを始めた当初のこと。合コンの約束をとりつけたのはよかったのだが、一次会会場に行く途中、女の子たちに逃げられてしまった。おそらく、僕らがダサかったからだろう。そこで反省会を開いて、これからの対策を練った。当時はまだ「お前がちゃんとしないからだ！」という非難のしあいで、結局、いきついたのが、身ぎれいにしてみたり、日焼けサロンにせっせと通ったりという

ルックスの改善だった。いわゆる「武装系」に走ったわけ。でも、うまくいかない。

そんな中で、自分たちに目を向けるより、女の子のほうをどうするかを考えたほうがいいんじゃないかという意見が出てきた。そして、待ち合わせの場所から会場までは、逃げられないように、みんなで女の子をフォローしようだとか、お見合い席にならないよう、男と女を交互に座らせようといったノウハウができてきた。

もっとも当時はまだまだ。たとえば合コンが始まると、盛り上げようと必死でパチパチと拍手をした。結果はどうだったか。女の子たちの目には異様に映ったのだろう。どの子もどの子も引く一方。ひたすら酒を飲ませようとするので、悪魔の集団のように彼女たちに思われてしまったのだ。で、生まれたのが、男もかならず飲まなければならないというセオリー。

その頃、メンバーにひとり、光るやつがいた。そいつだけは、女の子を毎回のように持っていく。でも結局、うまくいかない。だったら「意味ないじゃん」ということになり、チーム全体で協力し合おうとなっていった。これが現在のシステムの考え方の基礎になったわけだ。

そしてできあがったのが、【メンテナンスをする係】。席順をどうするか、飲み物はきちんと配慮されているか、ひとつひとつチェックをする役割を当番制で設けたのだ。ところが、仕事があまりにも多岐に渡るので、問題が生じてきた。たとえば、女の子を引率する際、【メンテ係】がしっかりフォローしながら行かなければならないのだが、同時に次のお店に空席があるかも調べに

**個人の能力は低くてもチームプレーなら皆が光る！　それが合コンの集団力だ。**

いかなければならない。同じ時間に別の場所にいられないのだから、これは不可能。そこで、細かい雑用をこなす【雑用係】を別に設けた。

当時、【メンテ係】は合コンの「進行役」も兼ねていた。ところが【メンテ係】が喋りまくっていると他のメンバーが黙るという状況が出てきてしまった。そこで、他のメンバーも、つまんなさそうな子にはきちんと声をかけようとなり、【フォロー係】が誕生した。でも、メンバー全員の動きを見るやつがいないのでバラバラ。だったら、全体をチェックし、サインを送るやつが必要じゃないか。これが【日直】の始まりだった。

というように、どんどん仕事が分化してきて、それぞれの「ポジション」が誕生、チームとして活動するようになったのだ。各ポジションの具体的な仕事内容についてはあとで触れるとして、役割分担をすることによって、それぞれの仕事をみんながこなせるようになり、僕らの「合コン最強システム」はついに格段の進化を遂げたのだった。

## 合コンだからこそ、モテない男だってイイ女をゲットできる

僕らのシステムを取り入れれば、恋愛弱者や女の子とはまともに口をきけないコミュニケーション不全症のキミでも、何とかなる。これが「チーム合コン」のいいところだ。しかも、合コンにやってくる女の子たちは、僕らの経験からいっても、レベル的には相当イイ線をいっている子

たちが多い。不思議なことにルックスの悪い子ばかりのグループはいないのだ。

不細工な子が混じっている時には、超のつくほどのイイ女が必ずいる。ルックスレベルの高い子と低い子がたいていワンセットになっている。勝手に分析すれば、美女は、そうでない子と一緒にいることによって自分の魅力が余計に光るし、不細工な子にしてみたら、かわいい子といることによって、周囲から注目されるというような相互関係にあるのだろう。

さもなくば、合コンにやってくるのは、そこそこ粒の揃ったかわいい子たちだ。「こりゃあヒドイ！」という集団は、長い合コン歴の間でも、一、二度ぐらいしかお目にかかったことはない。おそらく、ルックスレベルが低い子たちばかりの集団は、合コンをする勇気すらわかないのだろう。

かわいい子たちが、「オレたちのようなダメ男集団を相手にしてくれるのか」なんて心配も無用。僕らのシステムのセオリーをきちんと守って、ひとつひとつ手順に添ってできれば、かならず盛り上がる。普通なら相手にしてもらえないようなレベルの高い女の子とも、おつき合いできる。これは合コンならではだろう。

もっとも、合コンでは信じられないほど女の子とうまく盛り上がったとしても、自分の実力を過信するのは禁物だ。合コンのプロフェッショナル集団になったところで、個々人の恋愛力とは別。実際、僕らのメンバーは、カップルで交際を始めると、デートをするたびに気まずくなると

**合コンには可愛い子が来る！　ルックスレベルの低い集団は合コンすらしないのだ。**

いう現象にぶつかって、みんな悩んでいたんだから。

それだけ、ひとりひとりになるとまだ腕が未熟だったたってわけだ。しかし、考えてみれば、これこそ合コンの威力を物語っているエピソードだろう。チームで動くことによって、個人の技量がそこまでカバーされているという証《あかし》だからだ。

合コンの素晴らしさはまだまだある。人はみんな人間関係のしがらみの中で生きている。まったく見知らぬ女の子と話をする機会なんて、普通に生活していればほとんどない。ところが合コンでは、いともたやすくこれができてしまう。明日も顔を会わすわけじゃないので、聞きたいことも聞けるし、言いたいこともいえる。これほど自由なフィールドは、他には見つからない。女の子だって同様。めったにない機会だ。だから最初から気分が高揚しているので、余計にうまくいきやすい。

口べたなダメ男、モテない男、これまで彼女がひとりもできなかった男、女の子と縁のない環境にいる男性。そんなキミだからこそ、さあ合コン！

## 合コンというステージがキミを待っている

でも、僕は女の子の前に出るとアガってしまうから、と尻込みしているキミ。僕らのシステムでは、そんな取り越し苦労は要らない。対女の子というよりも、ひとつひとつの仕事をそれぞれがこなしていくという感覚に近いからだ。各自淡々と自分の役割をまっとうしていけば、総体として女の子を満足させられる仕組みになっている。だから、ただ与えられた作業を黙々とやるだけ。実にシステマティックなのが最大の特徴だ。毎日の仕事ができているんだったら、キミにも必ずできる。仕事と同じだと考えれば、心臓のバクバクだって少しはおさまるはず。オドオドくん、ドキドキくんだってきっとこなせる。

僕らは、合コンを「ステージ」と呼んでいた。「さあ、ステージに上がるぞ。みんながんばろうな！」で出撃だ。合コンを舞台に、自分たちを俳優に見立てているってわけ。

事実、僕らの方式では、ひとりひとりのメンバーは、明確なキャラクターづけがなされている。たとえば、【メンテ係】は気配り兄さん、【雑用係】はともかくこまめに動くやつといった具合だ。それぞれが与えられた役を完璧にこなせれば「名演」。お互いが噛み合った、イイ舞台ができたとなる。

だから、一対一のデートなどとはまったく違う感覚を持てる。大げさにいえば、いつもと違うキャラクターを演じる楽しさがある。しかも、合コンをやるたびに、いろんな配役を与えられるのだから、ますますおもしろい。

女の子が苦手でも大丈夫！　別人を演じるつもりで合コンという「舞台」に上がれば、きっとうまくいく。

**合コンでうまくいっても個々人の恋愛力はまったく別。実力過信は禁物である。**

# システムⅠ　チーム編成と相手探し

## まずは合コンの種類を知ろう

チームプレイをどのようにして発揮するかはあとで話すとして、とりあえず合コンの分類から。ひと口に合コンといってもさまざまな種類がある。

合コンの性格から分類すると、

**①マジコン**　いうまでもなく、彼氏、彼女を見つけるための合コン。したがって、目的はまじめに交際できる相手探し。恋愛へと進むのが究極の形だ。

**②ヤリコン**　セックスが目的。とりあえずHまでいけば、目的は達成される。その後のつき合いは二の次、三の次だ。あと腐れのない関係が理想で、セックスフレンドへと進む場合もある。

合コンを開く場所によっても、分類できる。

**①居酒屋コン**　一般的な合コンの形式で、居酒屋などを会場にして開く。初心者は、まず、この方式から始めるのが無難。性格的にはマジコン寄り。

**②ホームパーティ**　メンバーの家で開く合コン。いきなり一次会からはこの形式でいくのはむずかしい。二次会、三次会以降で。ホームパーティに持っていければ、抱ける確率が高まる。すなわち、性格的にはヤリコンのジャンルに分類される。費用も少なくて済む。

**③ホテルコン**　最近、流行っている形式。ホテルの一室を借りて行う。周囲に気兼ねなくできるのがメリット。豪華なイメージがあるので、女の子が集めやすい点も◯。ただし、チェックインするのはひとりだけなので、時間的には、制約ができる。マジコンの時でも使えるが、主にヤリコンの時にこの形式を使う。二部屋予約して、一方をコンパ会場、もう一室でHをするというパターンも。

**④野外コン**　いわゆるお花見ノリ。公園などで行う合コン。四月から十月頃までがシーズンだ。少々騒いでも許されるのと、安くあがるのがメリットだ。

この他、時間帯で分けた分類法もある。たとえば、最近、社会人の間でブームになりつつあるのが、「昼コン」。昼休みの時間を利用して、オフィス街のレストランなどで、昼食がてら、近くの職場のOLなどを相手に合コンをやるのだ。夜の飲み会と違って、みんなが気軽に参加できる

## マジコンとヤリコン、設定目標がどちらでもゴトー式システムなら完全対応。

のが最大のメリットで、時間に制約のある社会人には人気だ。お互いに気に入れば、その夜、デート。フィーリングがまったく合わないグループでも、たった一時間しか一緒にいる必要がないので、精神的負担も少ない。金銭的に安くあがるのも魅力だ。

と、まあ、合コンを分類すれば以上のようになるが、初心者のキミたちは、ホームパーティやホテルコンは、とりあえず将来の目標にして、居酒屋コンからいくのが常道だ。時には気分を変えるために、野外コンも取り入れよう。

## 目標はとりあえずヤリコンに置いておく

ラグビーならトライをするために、みんなが一丸となる。チームでフォーメーションを組んで合コンを行うには、ゴールが必要だ。これが決まっていなきゃ、メンバーは動きようがなくなってしまうし、個々のプレーもバラバラになってしまう。

では、ゴールはどこか。前述した通り、合コンをゴール設定によって分類するとすれば、「マジコン」と「ヤリコン」の二つに分けられる。シチュエーションによってこの二つを使い分けるのがコツなのだが、僕らのシステムは、基本的にはヤリコンを指向していた。

なぜなら、「彼女探し」にしてしまうと、チームの統制がとれなくなる恐れがあるからだ。たとえば、藤原紀香並みの超ルックスのイイ子がひとり混じっていたとしよう。みんな彼女にしたい

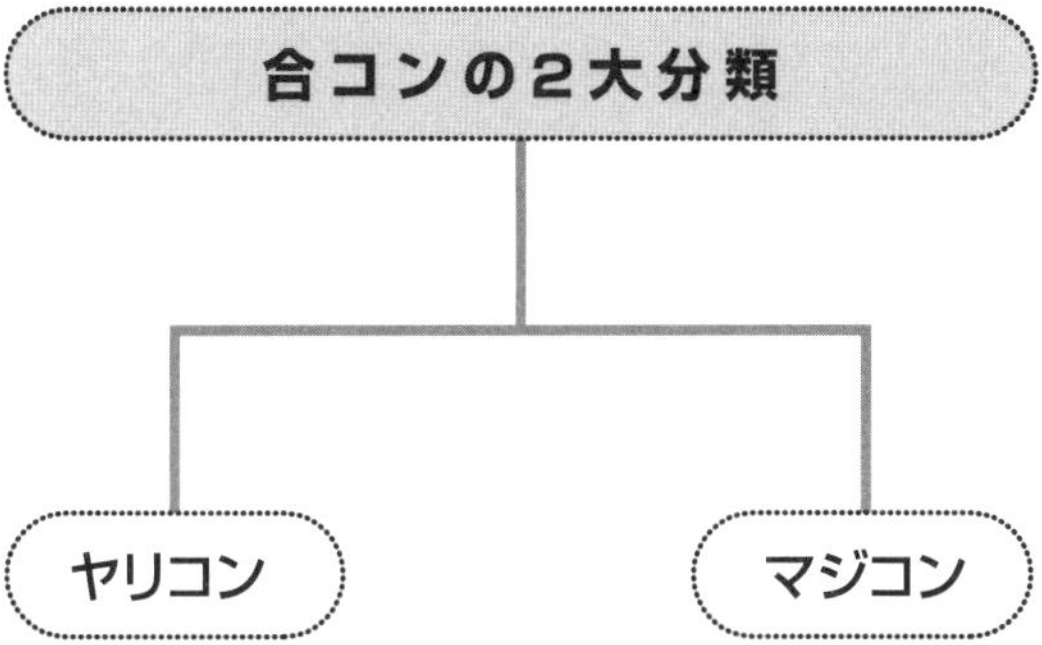
合コンの2大分類
ヤリコン
マジコン

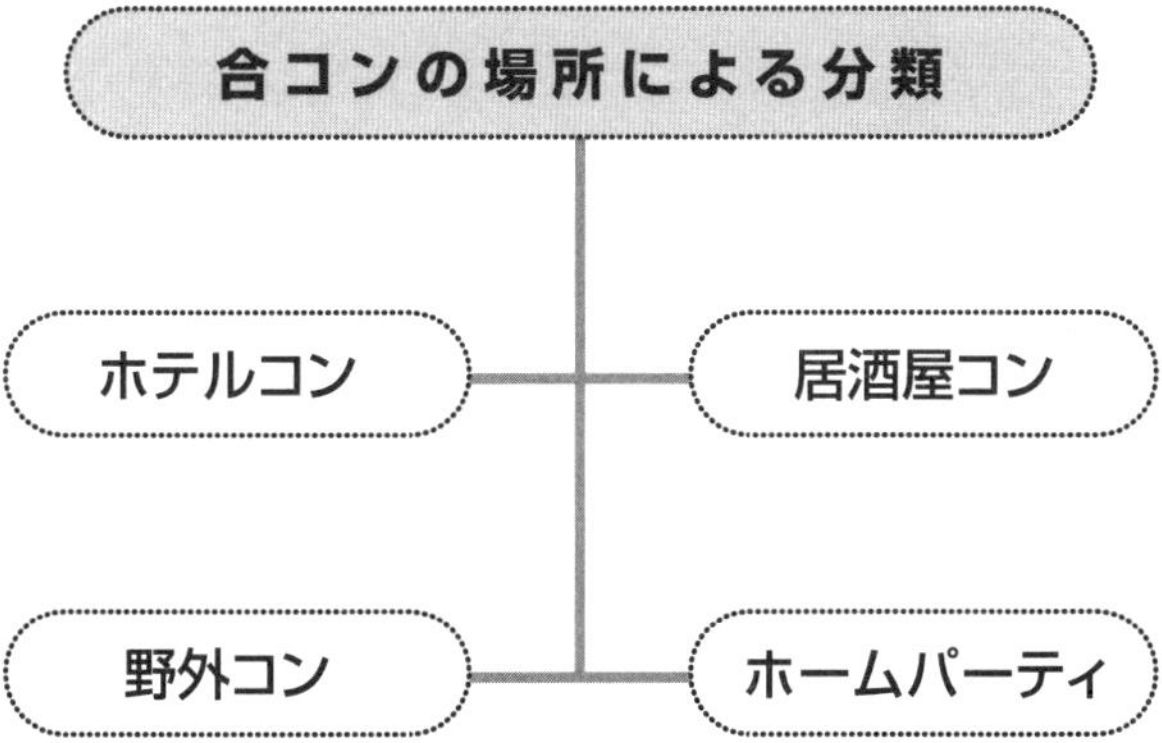
合コンの場所による分類
ホテルコン
居酒屋コン
野外コン
ホームパーティ

と思う。こうなると、チームプレーどころではなくなる。ただでさえ、初心者のうちは連携プレーがおろそかになりやすいのに、初めから恋人づくりを目標にしていると、チームがバラバラになってしまうのだ。

チームを組む意味は、いってみれば、お互いの欠陥を補い、ひとりのモテる人間の魅力をグループとして形成することにある。だから、目的はみんなで喜びを分かち合える共通のものじゃなければならない。僕らが最終目標に置いていたのは、ズバリ「チーム全員が、相手の子たちを抱く」だ。

もっとも、最初からここに目標を置くと、ちょっとハードルが高過ぎる。とりあえず、「彼女たちを脱がせて、キスをしたり」を目標にして始めればいいだろう。

えっ、そんなこと可能なのかって？　僕らのシステムを使えば、これが実に簡単にできちゃう。実際、実践してみれば、その威力のほどは実感してもらえるはずだ。

もっとも、僕らのノウハウが「マジコン」ではまったく通用しないというわけではない。もちろん「マジコン」にも応用できる。「ヤリコン」にしても、「マジコン」が盛り上がった「結果」でしかないからだ。僕らのシステムでやれば、「マジコン」だって一層盛り上がるはずだ。「ヤリコン」系の目標を設定するのも、最初から「マジコン」でとどめてしまうと、レベルが上がりにくいから。だから、合コンを開いたからには、絶対、女の子のオッパイをもまなきゃあ失敗なんて考える必要はない。あくまでも技量を上げるための目標。勘違いするな。

## 男五人、女四人が理想の陣形

合コンの人数は、どれくらいが最適か。基本的には、三〇対三〇でも、一〇〇対一〇〇でも大丈夫。いくら人数が多くても、グループを分けてしまえば同じことだからだ。

じゃあ、「基本単位」は何人対何人なのか。とりあえず女四人に男五人が理想形だといっておこう。僕らのシステムでは、ひとりの【日直】が自分たちのチームの全体の動きを見ながら、合コンを進めていく。ひとりの【日直】が状況を把握できるのが、最大でもこの五人ぐらいまで。これ以上多くなると、収拾がつかなくなる。

セッティングの面だけをとっても不利だ。たとえば、合コンの「テーブル」。五人以上となると、女の子も五人は集めなければならず、総勢一〇人以上になる。そうなると長いテーブルに座らされるか、テーブルふたつをくっつけて使うことになり、一体感が薄れる。こうなると、合コンというよりもうパーティ状態。【日直】の目も行き届かず、個人プレーにみんなが走ってしまい、チームプレーどころじゃなくなってしまう。一〇人以内なら、少々詰めてもひとつのテーブルを囲めるので、こうはならない。だから、男は五人がマックスというわけだ。

女の子が四人というのにも根拠がある。女の子が多ければ多いほど、選択肢は広がるので、う

**まずはヤリコンを指向しよう。チーム全体がレベルアップする最強手段になる。**

れしい。しかし、四人以上となると、それに見合うだけの男のメンバーを集めるのがたいへんになる。管理も行き届かなくなるので、成功確率も下がる。

かといって、女の子三人組は避けたい。三人だと、仲よしグループになっちゃうからだ。みんなが親密な関係だと、結束が固くて隙が見い出せなくて、苦戦する。その点、四人だと、少なくともかならずひとりはあまり親しくない子が混じる。たとえば、三人グループの誰かひとりだけしか知らないという女の子がやってくる。見知らぬひとりがいるだけで、相手のチームの力を分散させやすくなる。

また、男がひとり多いと何かと都合がいい。たとえば、男のメンバーが誰かひとりトイレに立ったり、会計に行ったとしても、マンツーマンの状態を維持できるので、相手に隙を与えずに済む。サッカーだって、ラグビーだって、団体競技は、こちらの人数が多いほうが戦いを有利に進められる。サッカーでいえば、リベロの役割を果たせるプレイヤーが余っていれば、攻撃も防御もより強力になるのと同様の理屈だ。

逆に避けたいのは女の子が過剰な状態。女の子が多いと、どうしても彼女たちのほうが引いてしまうし、こちらの［フォロー］も行き届かなくなる。コントロールが十分でなければ、成功確率は下がってしまう。

男があまり多過ぎるのも×。ふたり以上多いと、圧迫感を与えるので、女の子たちが怖がる。もし、どうしても女四、男六など、ふたり以上多いケースで合コンを開かなければならなくなったら、ひとりは自宅待機。途中から参加させたほうがいい。女の子がある程度、お酒が入っている状態になれば、男がひとり増えても、さして問題は起こらないからだ。

もちろん、だからといって、四対五を必ず守らなければならないわけじゃない。男が四人しか集まらなければ、四対四でもかまわないし、場合によっては二対二でもけっこう。要は、きちんと基本の作業ができる人数構成かどうかだ。

とりあえず四人、できれば五人を集めよう。キミも勘定に入っているから、最低あと、ふたりを集めればいいってわけ。しかし、ギリギリのメンバー構成だと、仲間の都合がつかなくて、日取りの調整がむずかしくなる。社会人ならなおさら。少し余裕をもって六人ぐらいをレギュラーにしておくほうが、融通がききやすい。

## まずひとり、メンバーを集めることから始めよう

といっても、環境によっては、三人のメンバーを集めるのでさえ、むずかしいケースもあるだろう。友だちもほとんどいないし、職場は年寄りばかりで同年代はいないといった場合だ。そんな悲惨な環境にいるキミは、まずひとりを確保することに努める。もし、友だちがひとりいるのなら、彼ととりあえずタッグを組む。友だちのツテを頼って、メンバーを増やしていくという手

もある。

いや、「僕は友だちがひとりもいない」という人がいるとしたら、合コンのメンバー探しを目的に、何らかのサークルに所属するのもひとつの方法だろう。専門誌などで募集している同好会に入るとか、同年代の男性のいそうなカルチャーセンターの講座に通うとか。ひとつアドバイスしておけば、もし、キミが何かスポーツに興味があるのなら、スポーツ系のサークルに入るのが秘訣だ。というのも、社会人であれ、学生であれ、体育系のノリがあるやつほど、合コンでは力を発揮してくれるからだ。

合コンのプロフェッショナルを自認していた僕らでも、その当時にはまだ連係の見事さにおいては、唯一かなわないチームがあった。それは、某大学のラグビー部のメンバー。渋谷で合コンをやっていると、よくこいつらに会う。その連携プレーの見事なこと。一般の人から見たら、ただの「デブ集団」にしか見えないのだろうけれど、僕らにはちゃんと彼らが某大学のラグビー部だとわかった。体育系は、敵にすれば怖いが、味方にすると、非常に役に立ってくれるメンバーとなる。

もっとも、メンバー集めに関しては、そう心配する必要はないかもしれない。ひとり相棒を見つけられさえすれば、そいつの友人を連れてくればいいんだし、実際にやってみれば、どんどん仲間が増えてくるものだ。僕らのシステムを使うと、チームとして合コンをやる楽しさをみんなが味わう。その結果、一度メンバーになると、毎回参加したくなるだけじゃなく、メンバーが

「こんなやつがいるけど、どうだ?」と新しいメンバーを連れてくる。合コンの回数を重ねていくうちに、層も厚くなり、チーム全体の力も上がっていくはず。だから、たとえふたりだけでも、最初の一回を開くことが重要だ。

## カッコイイやつ、おもしろいやつ、スタープレイヤーなんか必要ない

じゃあ、どんなやつがパートナーとして最適か。「カッコイイやつやおもしろいやつだろう」なんて思った人がいたら、大間違い。確かにカッコイイやつやおもしろいやつは、彼女とふたりでつき合う個人競技ならスタープレイヤーかもしれないけど、合コンという団体競技では、かならずしも必要じゃない。

むしろ、多くの合コンがうまくいっていないのは、カッコイイやつや話のおもしろいやつなどひとりの人間に頼りすぎるからだ。ひとりが吉本の芸人並みのおもしろいシャベリができる人間でも、場はもたない。そいつ自身も周囲も、やがて疲れてくる。だから、ハンサムくんや芸人くんがいても、チームスポーツとしての合コンではたいした武器にならないのだ。それなら、こちらのいうことを聞く素直なやつのほうがずっといい。

合コンでは、何よりもチームの「一体感」が大事。チーム全体のテンションが高く、テンポの

**メンバー探しはまずひとりを確保。たとえふたりでもとにかく第1回にチャレンジ。**

いいリズムであることが重要なのであって、これを乱すような個人プレイヤー、オールラウンドプレイヤーは、むしろ、メンバーには入れないほうがいいのだ。できるやつをひとり入れるのは和を乱すことにはなっても、メリットはほとんどない。それなら、同じ粒のできないやつのほうが、まだましだ。体育系がいいのも、チームワークを大切にするからだ。

個人技に優れたやつが、合コンではかえって足を引っ張る余計なやつになってしまうのは、ちょっと考えればわかる。野球のチームになぞらえてみよう。ホームランバッターとバントの得意な選手がいるとしたら、ホームランバッターにしてみれば、アウトをひとつ増やすやつは、足手まといとしか感じない。「あいつがいなくて、オレが毎回打席に立てば、ボコスカ点が入るのに」とつい思ってしまう。逆に、バントしかできない選手ばかりだと、みんなで何とか一点を取ろうとする。

もちろん、実際の野球チームでは、ホームランバッターもバントしかできない貧打な選手も協力して、チームを勝利に導こうとがんばる。しかし、合コンでは、個人の欲望が先立つだけに、スタープレイヤーは、チームプレーがバカバカしくなる。だから、並の平凡なプレイヤーばかりの集団であったほうが、チーム全体としては、大きな力を発揮できる。

## 気心が知れている仲のいいやつと組め

合コンでは、必要な人間が最低ふたりいる。ひとりは、女の子に対して気をつかう【気配り係】と、ネタを振る【ネタ振り係】だ。この組み合わせが一番シンプルなチーム編成で、バンドでいえばベースとドラムだ。

とりあえずこのふたりがいれば、女の子から「NG」を出されることはない。したがって、タッグを組んでふたりのチームで合コンをやる場合も、これが条件だ。

さて、【気配り係】。女の子の荷物を持ってやったり、飲み物や食べ物が切れないように気配りをする係なのだが、これは訓練次第で誰でもできる。

一方、【ネタ振り係】は、ひと言でいえば、女の子にネタを振って、トークで盛り上げる役割で、こちらはそうはいかない。お笑いは必要ないけど、先天的な才能が要る。ということは、キミがおしゃべりに自信があるのなら、パートナーたちはどんな人間でもいいが、自信がないのなら、トークのうまいやつをひとりは入れなければならないということになる。

そして最も重要な条件は、仲のいいことだ。気心が知れていないと連携もとりにくいし、ヘタをすると抜け駆けするやつが出てくる。仲間割れしているようじゃ、女の子たちを口説くなんて

**気配りとネタ振り、これが最シンプルの編成。スタープレイヤーは戦力外通告だ。**

とても無理。その点、仲が良ければ、どっちがいいところを持っていったとか、妙な勘ぐりや嫉妬もわきにくい。お互いの気持ちが分かっている分、呼吸もコンビネーションもバッチリだ。信頼関係がメンバーの間に築かれているチームは強い。

親しい仲間と組めといったのは、もうひとつ理由がある。合コンの腕を磨く秘訣は、何よりも実戦経験を積むことだ。学生だった頃は、夏休みなどで帰省して少し間をあけると、僕らでもしばらくは呼吸が合わなくなった。したがって、すぐに集まれて、必ず参加してくれるメンバーでないと、チームはうまく機能しない。

こう考えていくと、同じような環境にいる人間のほうが無難だろう。たとえば、学生と社会人じゃあ、自由になる時間も違うので、どうしても合コンのセッティングがむずかしくなる。社会人なら会社の仲のいい同僚や学生時代の友人、学生なら学校の友だちといったジャンルからメンバーを探そう。

また、メンバーはできるだけ「固定化」すること。いつもいつも同じメンツでなくてもいいが、六人なら六人をレギュラーにして、その中から四、五人でメインチームを組む。最初のうちは、ピッタリした仲間がいなくて、チーム編成も少しずつ変わるかもしれないが、できるだけ早期にメンバーを固定して、そのチームで合コンの数をこなそう。

## 体育会系はグッド、理工系・高学歴のやつはダメ

逆に、合コンのメンバーとしては、好ましくない人物もいる。

まず、約束を守らない男は御法度。遅刻常習犯は、こちらのペースを乱す原因になるので、初めから入れてはいけない。

また、パスしたほうがいいのは、やたら高学歴のやつ。東大卒だとか、京大生だとか、抜けて高い学歴を持っている男はメンバーには入れない。なぜなら、高学歴のやつは、スタンドプレーに走る傾向があるからだ。相手を楽しませるために割り切り、バカになって騒ぐこともできないやつが多いので、浮いてしまうという欠点もある。ただし、例外もある。東大や京大でも、体育会系だけは別。ノリも悪くないし、頭がいい分、臨機応変に動いてくれるので、なかなか重宝な存在になる。

絶対やめたいのは、理工系現役、理工系出身者や技術者。僕らのシステムの目的のひとつは、合コンの過程を楽しむことにある。ところが理系の人間は、結論を急ぐタイプが目立つ。「彼女とセックスできるのか」「つき合えるのか」と、ともかく性急なのだ。

反対に営業系は、グッド。仕事を通して、コミュニケーションの訓練を日々積んでいるので、

**メンバーは固定する。体育会系のやつはOKだが理工・技術系、高学歴はNG。**

人あしらいがうまい。【ネタ振り係】として使えるやつが多い。キミがトークがヘタなら、営業の人間からパートナーをピックアップするのも賢明な方法だろう。

業種でいえば、「官僚」や「銀行マン」も避けたい人種だ。彼らの場合、仕事の話しかしないやつがやたら多いからだ。仕事の話は、使い方によっては効果的なジャブになる。しかし、それはあくまでも、適宜にはさんでの話。「あのプロジェクトさあ、俺が立ち上げたんだよ」なんて、聞いてもないのに、延々と仕事自慢をされても、場が寒くなっていくばかりだ。

微妙なのは、「職場の上司」や「サークルの先輩」を入れる場合。職場によっては、年の近い課長や係長、主任などをメンバーに加えなければ、チームができないケースもある。基本的には、上司であろうと問題はない。しかし、上下関係のしがらみが少しでもニオうと具合が悪い。ささいな会話でも、女の子は男たちの関係に感づき、引いてしまうからだ。上司を混ぜる時は、職場の上下関係を引きずらないようはっきりと釘を刺しておくべきだろう。「課長、実は世話係が一番おいしいポジションなんですよ」なんてうまく使ってしまうのも手。メリットを強調しておけば、案外、こちらの言うことを聞いてくれる。上司も使いようといえば、使いようなのかも。

## 基本になるのはこの五つのポジション

【気配り】するやつと【ネタ振り】するやつ、このふたりがいれば、とりあえず合コンは開けるといった。しかし、ふたりでこれをこなすのは、正直いってしんどい。原則、五人が理想といったのも、僕らのシステムでは、【気配り】と【ネタ振り】をさらに細分化して、五つのポジションに分けているからだ。

### ①【日直】

【日直】は、俗にいう「幹事」で、合コンのセッティングと全体の動きのチェック担当。合コンが始まってからは、タイムキーパーの役割も【日直】が務める。したがって、【日直】は絶対、席を立ってはいけない。トイレもがまんする。進行係と全体のチェックを担当する【日直】がいなくなると、男たちが暴走してしまう危険性があるからだ。

また、メンバーがやるべきことをやっているかどうかをチェックするのも【日直】だ。できていない時は、「基本通りやろうね!」というサインで注意を促す。

もうひとつ【日直】には重要な役割がある。「ゲーム」の進行だ。「ゲーム」は合コンの成否を左右する最大のポイント。合コンが成功するか失敗するかは、【日直】の出来いかんにかかっている。

### ②【ネタ振り係】

**基本ポジションは5つ。メンバーに先輩・上司がいるならメリットを強調して。**

【ネタ振り係】は、いってみれば「盛り上げ係」で、トークに専念する。最初は注目は集めるけれど、徐々に汚れ役になっていく。たとえば、「もうお酒飲めない」という女の子たちに、「ゲーム」や「コール」の段階で、女の子たちにうまくお酒を勧めるのも【ネタ振り係】の仕事だ。したがって、弁の立つやつが望ましい。また、ゲームが始まったあとは、にわかバーテンダーに変身、お酒をつくる係に回る。この時点までくるともう、お喋りは必要ない。

## ③【フォロー係】

【ネタ振り係】の補助的な役割を担当する。女の子の中でネタを振られていない女の子がいないか、つまんなそうにしている子はいないか、チェック。そんな子がいたら「元気?」などと、声をかけるのだ。

このチェックは【日直】も同時に行っていて、【フォロー係】が気がついてなければ、「基本に戻ろうよ!」と【日直】がサインを送る。その結果、【フォロー係】が声をかけた相手が違っていると、【日直】は「それ基本形と違うよ!」というサインで間違いを指摘して修正させるといった連携プレーで臨む。また【フォロー係】が女の子に声をかけたら、【ネタ振り係】がそれを受けて、彼女を集中的にかまうというふうに進んでいく。

## ④【メンテ係】

## 5つのポジションは最強の布陣！華麗な連係プレーのためによく打ち合わせを。

【メンテ係】は、女の子たちへの気配り担当で、最も重要な仕事は、「食べ物、飲み物の補給」だ。食べ物や飲み物が十分足りているか、テーブルの上に常に目を光らせ、切らさないように注文する。女の子のお世話も【メンテ係】の仕事で、コップが空になったら、すかさずお酒をついだり、つくってやったりする。細かいところまで気がつくやつ向きだが、このポジションは訓練次第ですぐに誰でもできるようになる。

### ⑤【雑用係】

文字通り、他のメンバーの手足となって動くポジション。料理やドリンクのチェックは【メンテ係】が行うが、実際に動くのは【雑用係】。【メンテ係】の指示に従い、店員にお酒を頼みに行ったり、あらかじめ、二次会に先乗りして席を確保するなど、文字通り「雑用」をすべてこなす。詳細はあとでいうけど、「爆弾の処理」も【雑用係】の重要な仕事のひとつだ。コミュニケーション能力もなければ、気も利かない。こんなメンバーは【雑用係】で活躍してもらう。

とまあ、このようにメンバーの「ポジション」を決め、「フォーメーション」を組んで、「連携プレー」で合コンを展開していくのが、僕らのシステムのミソってわけだ。

各ポジションの具体的な仕事は、おいおい説明していくとして、この五つのポジションで絶対必要なのは、【日直】と【ネタ振り係】。ふたりしかメンバーがいない時は、【日直】が【フォロー係】【メンテ係】【雑用係】をすべて兼ねる。三人なら【日直】と【ネタ振り係】を独立させて、あとのひとりが【フォロー係】【メンテ係】【雑用係】の三つをこなす。四人なら、【日直】【ネタ振り係】【メンテ・フォロー係兼任】【雑用係】の四つのポジションで、という具合に、臨機応変に役割分担を行おう。

## 適材適所で役割を分担する

五つの「ポジション」に適材適所の人材を配置すれば、強いチームができあがる。しかし、最初から「ポジションの固定化」はしないほうがいい。まず、個々の特性を探ることが大切だ。だから、初期の段階では、ポジション配置を日替わりにする。たとえば、一回目の合コンでは【日直】を務めたやつは次は【ネタ振り係】に、【ネタ振り係】は【フォロー係】、【フォロー係】は【メンテ係】という具合だ。ポジションを替えて幾度か合コンを開いていけば、おのずと得意不得意ができてくる。ポジションの固定化はそれからでも遅くない。

ただし、【日直】は毎回、持ち回りで。というのも、【日直】を決めてしまうと、どうしても似たような相手の女の子か、似たようなジャンルになりがちだからだ。人によって好みがある。その結果、Aが【日直】だとルックスレベルはいいが性格的にはイマイチだとか、傾向が出てきて

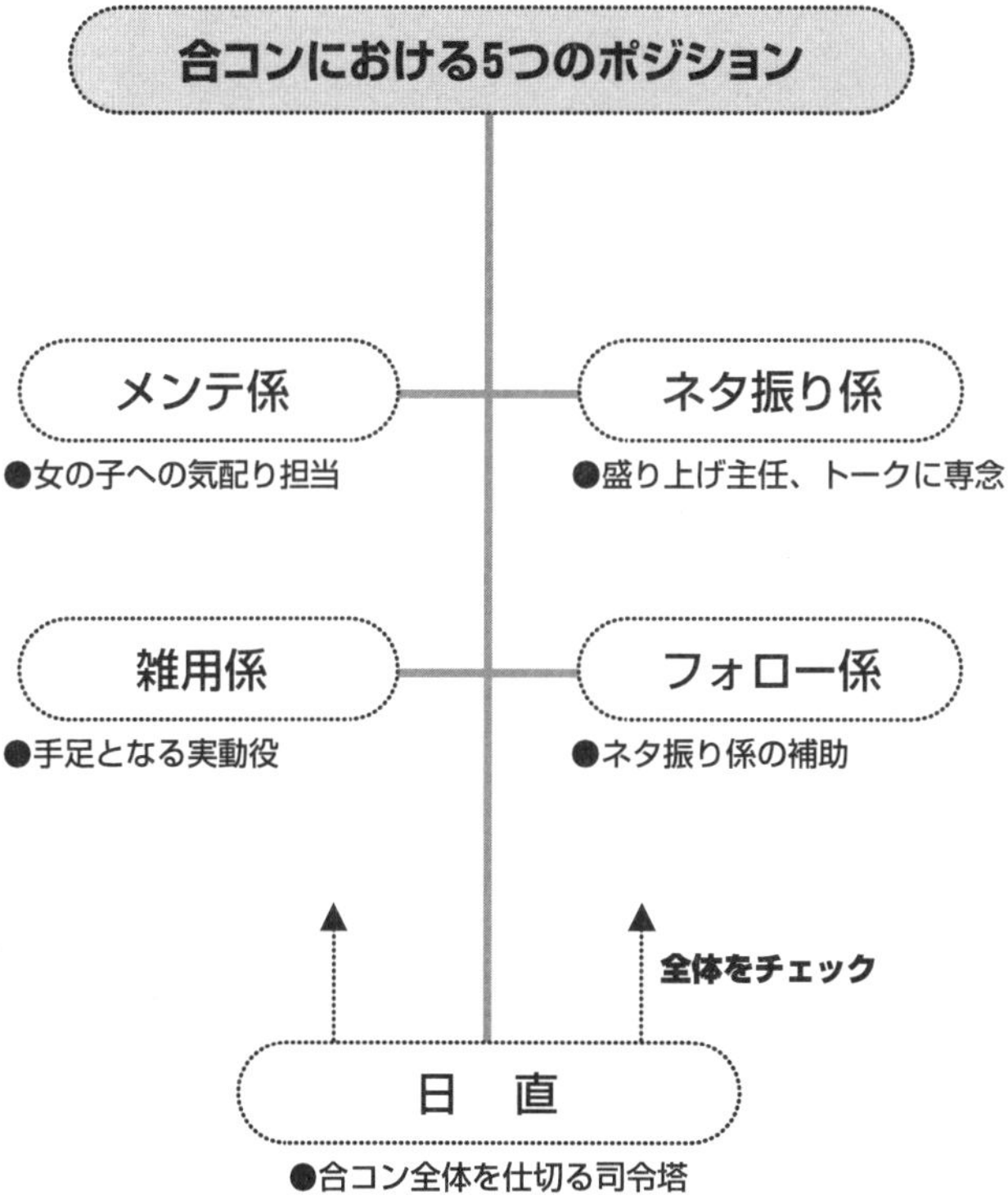
合コンにおける5つのポジション
メンテ係
●女の子への気配り担当
ネタ振り係
●盛り上げ主任、トークに専念
雑用係
●手足となる実動役
フォロー係
●ネタ振り係の補助
全体をチェック
日　直
●合コン全体を仕切る司令塔

しまうのだ。これじゃあ、合コンの楽しみも半減する。

ポジションをなるべく早く固定化して、強いチームをつくりあげるためにも、初期段階では合コンの数をできる限り増やすべきだ。とりあえず二〇回、短期間でやるのが秘訣。学生なら週に二回、社会人でも毎週一度は合コンをやりたい。

時間のあまりとれない社会人は連休を利用して、合宿しながら、合コンを連チャンでこなすという方法もある。たとえば、一日目の夜に合コンをやった後は、メンバーのひとりの家にみんなで帰り、反省会を開き、今後の対策を練る。そして翌日、また合コン。

二〇回もこなせば、チームワークもバッチリ。個人の技量も相当上がる。ポジションも自然に確定してくるだろう。実戦経験だけが、キミたちの腕を磨く。

## みんながおいしい思いができるのが僕らのシステム

役割によって、おいしい思いができるものと、そうじゃないものとがあるんじゃないか、たとえば、【メンテ係】は、気配りばかりで目立たない、オネエちゃんたちにアピールできないから損だろう、なんて思った人がいるに違いない。

でも、それは杞憂《きゆう》ってものだ。それぞれのメンバーが自分の「ポジション」をきちんとこなしていれば、みんながおいしい思いができるのが、僕らのシステムの最大の特徴だからだ。たとえば【ネタを振る係】のやつがガンガン喋る。確かにそいつはみんなの注目を浴びる。その横で、酒をつくったり、「寒くないかな」と気配りに徹している男がいる。彼は目立たないようで、実は確実にアピールできているのだ。「やさしい人なんだなぁ」と思い込む女の子はひとりやふたり、かならずいる。

【ネタ振り係】も、時折は【メンテ係】の援護射撃に回る。「こいつ、いつも気ばかりつかっているんだ」などと、「やさしい人」というイメージを誘発してやるのだ。それぞれのポジションにはそれぞれのおいしさがある。

いや、むしろ、一見目立たない【メンテ係】のほうが、おいしい役回りだといってもいいかもしれない。女の子は、キミたちが想像している以上に細かいところまで観察している。いつも気づかってくれる【メンテ係】に、意外に人気が集中するのだ。自分の役割に専念するとアピールポイントが明確になる。だが、欲張っていろいろしようとすると、どれもハンパになって今までと同じ結果になってしまう。

だから、余計な嫉妬は抱かないこと。事実、合コンが破綻する最大の原因がこれだ。一般の人々の合コンが失敗パターンになる原因は、ジェラシーと相場が決まっている。しかし、これをやってしまうとお互いの感情にしこりが残ってしまうし、チーム自体が立ちゆかなくなる。妙な嫉妬心は抑えて、チームプレーを優先したほうが、結局は自分にとっても得だ。

**メンバーの得意・不得意を見きわめてからポジションを固定化しても遅くない。**

## 異質なやつがひとり入るとチームの魅力がアップする

何の取り柄のない【雑用係】だってそう。ちょっとした工夫でアピールできる。たとえば、僕らのグループの【雑用係】Sくんは、「家の提供係」を兼ねていた。Sくんの書棚には、ニーチェの哲学書が小道具として並んでいる。それを見た女の子は、「おちゃらけたグループかと思っていたけど、ものすごく知的な人もいるのね」と思う。かるくて楽しいだけの集団じゃないと思い込むので、グループ全体の得点も高くなる。毒々しいグループというイメージが中和されて、まじめな印象が混じってくるので、評価が急上昇するのだ。

Sくんは、『朝まで生テレビ』のファンで、金曜の夜、女の子たちを彼の家にうまく連れて行くことができた時でも、テレビのスイッチをつけて、ひとりで『朝まで生テレビ』を見始める。最初は、空気をまったく察していないSくんに苛立ったけれど、これが意外にSくんの評価を高めた。たとえばテレビを見ていた女の子が「PLOって何?」って尋ねてくる。Sくんが説明してやると、「へえ」と彼女は感心する。また、Sくんは日経新聞を購読している。学生の女の子などは、日経新聞には馴染みがない。最終面を見てもテレビ番組の欄がないので驚く。日経新聞も、彼の知的な男のイメージにひと役買っている。

で、Sくんの株は一気に急上昇するというわけ。味を占めたのだろう。やがてSくんのテレビは、土曜であろうと月曜であろうと、『朝まで生テレビ』が放送されるようになった。もちろん録画したビデオを流すのだ。

おちゃらけたグループなら知的さを演出できるやつをひとり入れる。逆にまじめなやつばかりのグループなら、おちゃらけたメンバーをひとり加えておく。異質なやつをひとり混ぜただけで、集団の株はグッと上がる。

前述したようにセパレートではからきしダメでも、集合体として力を発揮できるのが合コンの最大のメリット。損だ得だなんて余計なことは考えず、まずは自分に与えられたポジションをしっかりこなすことだけを考えよう。

## 出陣する前に、よその合コンを観察・研究しておこう

さあ、チームのメンバーは集まった。後は相手を見つけて出陣するだけ。でも、ちょっと待った。いきなり本番に突入する前に、合コン経験のないキミたちは、雰囲気だけでもつかんでおこう。

繁華街の居酒屋に行くと、週末には必ずといっていいほど合コンを開いているグループ何組かと遭遇する。メンバー全員でそんな居酒屋に出かけていき、よその合コンを最初から最後までひ

**初陣の前にまずは偵察。合コン基礎データの蓄積は「空気を読む練習」になる。**

と通り見てみるのだ。他人のやっている合コンを何度か観察していくことによって、合コンの「空気を読む練習」になる。実際、自分たちが現場に行ってできるかどうかは別にしても、基礎データだけは集められる。合コンの空気を知っておくだけで、本番でオタつく危険性もかなり減る。

せっかく時間と飲み代を使って観察するのだから、ただ見ているだけではもったいない。この本を参考に、診断表をつくって、みんなの合コンを客観的に評価してみよう。たとえば、盛り上がりに欠けてはいないか。離れた席にいる自分たちのところまで声が聞こえてきたら合格。ただし、男の声ばかりなら減点。女の子のおしゃべりが多く混じっていれば◎。飲み物の補給はちゃんとできているか、役割分担はどうかなど、チェックしてみるのだ。

これを何度かやっているうちに、成功合コンと失敗合コンも何となくわかるようになるだろう。こうしたデータは、自分たちが開く場合にもとても参考になるし、自分たちの合コンも客観的に分析できるようになる。

メンバー全員で観察会を開くのはもちろん、メンバーと違う仲間と居酒屋に飲みに行ったときも、しっかり観察するクセをつけておけば、合コンの研究になる。観察会は格好の練習。合コンを自分たちが始めた後も定期的に開きたい。

## 一度開いてしまえば、枝葉がどんどん広がる

チーム編成が決まったら、今度は「ネタ探し」だ。ネタ探しとは、つまり、合コンの相手探し。誰でも簡単にできるのは、学生時代の同級生や同じ職場のOLに知り合いを集めさせるという手だ。どんなに女に縁のないやつでも、ひとりぐらいは女友達はいるだろう。ただし、この合コンでは、無茶なことはやらないこと。彼女たちのオッパイをもんだり、安易にHまでいってしまうと、後々やっかいなことになってしまう。一次会でさっと切り上げたほうが賢明だ。「マジコン」に徹する。

そのかわり、次の「ネタ」にする。たとえば、職場の同僚に、彼女の学生時代の友達を集めてもらって、合コンを開いたとしよう。その中から、同僚と一番関係が薄そうな女の子に、「今度、キミの会社の子たちと合コンをやりたいな」と話を振っておく。こうして開いた合コンの相手は赤の他人。何があっても問題にはならない。もし、それでも心配なら、また、別の子に「今度、キミの学生時代の友達と合コンやろうよ」と誘えばいい。つまり、初回の合コンは、次の合コンのための捨て石ってわけ。

これをひとりじゃなくて、数人の女の子にやっていけば、「枝葉」はどんどん伸びていく。ねず

**合コン相手は「ネタ」、次の相手につながる「枝葉」確保も忘れるべからず。**

み算式に増えていって、それこそ三日に一度は合コン、今日はダブルヘッダーなんていうスケジューリングも可能になる。合コンは一回できれば、あとはいくらでもできるってわけだ。マルチ商法と同じなので、僕らはこの方法を「合コンマルチ商法」と呼んでいる。

この合コンマルチ商法を何度かやっていくと、なぜか不思議なことに、集まる女の子が低年齢化していく傾向がある。たとえば、最初にセッティングした合コンが、職場の先輩ＯＬの友人であったとしても、やがて同年齢の女の子ばかりになり、そのうち大学生、高校生と下がっていったりするのだ。言い換えれば、若い子と合コンをしたいと思っているのなら、集まった子の中で一番年下の子に合コンをセッティングさせればいいというわけ。

これを何代も重ねていくと、メンデルの法則と一緒で、相手メンバーの年齢はどんどん下がっていく。だから最初は、相手はオバチャンでも何でもいい。きっかけさえつかめればＯＫ。気がない女の子ばかりだったとしても、練習になる。バッティングセンターに通うような感覚で腕を上げていけば、来るべき「本命合コン」の成功率も高まる。

## 合コン名刺を片っ端から配りまくれ

しかし、二〇回、三〇回と、「枝葉」をどんどんと広げていくと、場合によっては、過去に参加した同じメンバーが来ることがある。実際、前の合コンでは幹事役だった女の子が、別のグループの一員として現れたこともあった。

　だから、市場は常に開拓しておくに越したことはない。一番手っ取り早いのは、ストリート・ナンパ。といったって、普通のナンパとは違い、合コンに誘うだけなのだから気楽なもんだ。かわいい子を見つけたら、かたっぱしから声をかけ、「今度、合コンしませんか?」と名刺を渡す。感触が良かったら、連絡先の電話番号を教えてもらおう。いま時の女の子は、ほとんど携帯電話を持っている。「こちらが正体明かしたんだから、携帯の番号ぐらいは教えて」と言うと、たいていの子がOKしてくれる。「時刻を指定してくれたら、その時間以外は絶対かけないし、留守電にメッセージを入れるだけにしてといえばそうするから」と付け加えておけば、余計、女の子は安心するので、教えてもらいやすくなる。

　もし、相手が乗り気でなくても、気にすることはない。「よかったら連絡ください」でさっさと次にいけばいい。数多く名刺をバラ巻いておけば、数撃ちゃ当たるで何件かは成約する。

　そのために「合コン用の名刺」をつくっておくのもひとつの手。成約率を上げるには、その際ひと工夫が重要。名刺の裏にあらかじめ、「合コンお願いします」と書き、たとえば、「夜の一〇時頃なら、名刺の電話番号に連絡してくれればかならずいます」などと添え書きをしておくのだ。手書きのメッセージを入れておくだけで、相手に強い印象を残すことができる。こうしてメンバー全員がストリートでめいめい名刺をまけば、合コンのネタには困らなくなる。もし、ひとりで

# 合コン専用名刺を作成すべし!　TEL番号と手書きメッセージで市場を開拓。

は声をかける度胸がないのなら、ふたりタッグでやればいい。複数なら、勇気も出る。

ストリートでは気後れしてしまう、という人には、「メールマガジン」という手もある。インターネットでは合コンのメールマガジンがあり、合コン相手を募集している女の子のグループの情報がいっぱい載っている。これを利用するのだ。「合コン」で検索し、登録サイトでアドレスを登録しておけば、定期的にメールで情報を送ってくれる。北は北海道から、南は沖縄まで全国のグループが募集しているので、地方の人にとってはとくに有効だろう。メールマガジンでこちらから募集をかけるのも、もちろんありだ。

たまには遠征して、メールマガジンで知り合った隣の県の女の子たちと合コンをやるのもオツなもの。遠征合コンなら後腐れがないし、旅行気分も味わえる。

## 事件はつねに現場で起きているという真理

もうひとつ、成功確率が非常に高い、とっておきの方法を紹介しておこう。

合コン相手をゲットするには、合コンをやりたがっている女の子たちがいる場所に行くのが一番。じゃあ、それはどこか。合コン会場になりやすい盛り場の居酒屋だ。たとえば、東京なら新宿や渋谷の大衆居酒屋に六時から八時頃に行けば、いくつかのグループが合コンをやっている。彼女たちに、合コンを申し込むのだ。実際、合コンをやっているのだから、確実にニーズがあるというわけ。

合コンか仲間内の飲み会かの見分け方はそうむずかしくない。最初、男性は男性、女性は女性とかたまっているグループは、合コンの可能性大。そのうちに席替えが始まって、男女交互に座り始めたら、もう合コンと踏んで間違いない。

もちろん、合コンをやっているところにいきなり乱入して、「合コンお願いします！」なんてやったら、相手の男たちとケンカになってしまう。狙いはメンバーの女の子が席を立って、トイレに行った時。「今度、僕たちと合コンやってください」と名刺を渡す。リーダーの女の子でなければ、たいていの場合、応じてくれる。

リーダーかどうか見分けるにはどうすればいいのかって。それはあまり心配する必要はない。リーダーの幹事役の子は自分がセッティングした現在進行形の合コンにかかりっきりで、普通、席をほとんど立たないものだからだ。リーダーが席を立つのは、会計の時やコンパが終わりに近づいた時。女の子は、普通、自分たちが飲み代を負担するという観念はないので、幹事は会計の時にトイレに駆け込むってわけ。一般に一次会がお開きになる時刻は、八時から九時頃。その時刻に近づく前に、トイレに立つ女の子を狙えばいい。

もっとも、まだ男と女が別々にかたまっている段階で声をかけるのはまずい。トイレに立った女の子にも、男性陣の監視の目が光っているからだ。交互に座っていて、会話がはずんでいる時

## 居酒屋で現地ゲットはトイレの隙、入り口・エレベータ周辺の子が狙い目だ！

がチャンス。男たちは会話に夢中で、トイレに行った女の子にまで目が届かなくなる。

居酒屋の入り口やエレベータの前に溜まっている女の子たちも狙い目だ。後で述べるように、場合によっては、その夜、彼女たちの二次会を自分たちとの合コンにしてしまうなんてラッキーなチャンスも転がっている。ともかく、入り口やエレベータ前にいる女性だけのグループには、名刺を配りまくろう。

現地でのネタの仕込みは、自分たちが合コンをやっている最中でも行うぐらいのどん欲さが欲しい。ひとりネタ仕込み係を決めておいて、めぼしいグループにアタックするのだ。あらゆるところにチャンスあり。合コンのネタは至るところに転がっている。

## ネタの仕込みは異性との会話術アップにもつながる

ネタ仕込みの日を決めるなどして、いまあげた方法をこなしていけば、合コンのチャンスは加速度的に増えていく。ストリートや居酒屋で、合コンのネタ探しをしていくと、女の子と話すのがあまり得意でなかった男でも、徐々に会話術が上達していく。

ナンパといっても、名刺を渡すだけだ。いってみれば、チラシ配りと一緒だと思えば、精神的な負担は少ない。あまり女の子とお喋りする機会のない男性でも、チラシ配りのつもりで名刺をまけば、意外に平気で声をかけられる。

合コンの誘いは、異性と話す糸口になる。「食事しましょう!」とか「お茶飲みませんか?」といった、いわゆるナンパは女の子も警戒するかもしれないけど、「合コンしませんか?」は、非常にマイルドな言葉だ。オブラートに包まれている分、相手も素直に話を聞いてくれる可能性が高い。合コンを口実にすれば、かわいい子と話しをする機会が増えるってわけだ。女の子とのコミュニケーション力を高めるためにも、積極的に「合コンしましょう」を活用するといいだろう。

うまくすると、ネタ仕込みの段階で彼女が見つかる。合コンはあくまでもチームプレーで相手軍団を攻め落とすのが目的で、個人の恋愛とは違う。合コンと個人的な彼女づくりは、原則、まったく異なる競技なのだ。だから、合コンよりもむしろ、仕込みの段階のほうが個人的な関係に持ち込みやすい。合コンの仕込みをきっかけに結局、ふたりだけの合コン(つまり普通のナンパ)に持ち込んだことが何度もあった。成功確率の高い、ナンパの変形としても使えるってわけ。合コンを隠れ蓑にして、ナンパを楽しむ。これも合コンあればこそだ。

ただし、名刺をバラまいた場合、ひとつ重大な注意点がある。よく陥りがちなのは、彼女から電話はかかってきたが、どの子だったか、わからなくなるという失敗だ。一日一〇人も声をかけて、これを三日もやれば、何が何だかわからなくなる。しかし、「誰だっけ?」なんて間の抜けた答えを返してしまうと、うまくいくものもうまくいかなくなってしまう。もし、思い出せないのなら、「ああ、憶えてるよ」とごまかす手もあるが、できるだけ声をかけた女の子はきちんと把握

**名刺バラまき作戦の注意事項は所属、容姿、女の子の基本データをメモっておけ。**

しておきたい。

そのためにも、声をかけた時点で会話を少しでもして、相手の基本情報を押さえておく。「お仕事何しているんですか？」「看護婦です」とか、「どこの大学？」「実践女子大」「何の勉強しているの？」などと立ち話しておけば、こちらの記憶にも相手の記憶にも残りやすい。さらに、彼女と別れたら、すぐにメモを取る。名前はもちろん、何時頃、どこで声をかけたか、ワンレンの女、ボブの女とか、特徴も書いておこう。

## 学生よりOLのほうがむしろ、オールナイトに持ち込みやすい

「ヤリコン」を成功させるためには、集める女の子たちも考えておかなければならない。

これは当たり前だが、「オールナイト」にしやすい相手と合コンを組むようにすれば、成功率は高まる。じゃあ、オールにしやすいのは、どんな子か。

平日の合コンでは、翌日仕事のあるOLより、時間が自由になる学生のほうが楽勝だと思いがちだが、実はそうでもない。学生とOLを比べると、盛り上がるのはOLのほう。学生は合コン以外にも楽しいことがいっぱいある。対してOLは毎日仕事、会社に拘束されている時間が長いうえに、環境的に男性との出会いも少ない。だから、合コンへの期待度が高く、思いっ切りハメを外す。ノリがよければ、無理をしてでも遅くまでつき合ってくれるので、場合によってはオー

ルも可なのだ。

一方、学生の場合、翌日スキーの予定などが入っているともうどうしようもない。いくら引き留めようとしても、さっさと帰る。ＯＬのほうが、意外に穴なのだ。

オールにしやすい子を集めるコツも教えておこう。向こうの幹事にあらかじめ「あんまり時間を気にしない子をなるべく集めてよ」と注文を出しておくのだ。こういっておくだけで、二次会以降の参加率が全然違ってくる。

職業別では、ストレスの溜まりやすい職場や職種の子が狙い目。たとえば、「看護婦」や「デパートガール」といった女性の多い職場に勤めている子はストレスが溜まりやすく、若い男性との接点もあまりないので、Ｈまでいける確率がかなり上がる。

たとえば、急行で三〇分以上といった遠くから呼んだグループもグッド。電車に長く揺られてわざわざ来たからにはと、それなりの成果を求めようとするからだ。しかも帰るのが面倒なので、始発までつき合ってくれやすい。渋谷や新宿といった繁華街には、埼玉や千葉から出てきた女の子が集まる居酒屋がある。たとえば、渋谷なら「千歳会館」に入っている居酒屋。また、日曜の昼間、キーステーションには遠くからショッピングに来ている子たちがいる。遠征組の子たちが利用する居酒屋や日曜の昼間のショッピングゾーンで、片っ端から名刺をバラまいておけば、彼女たちを捕まえることができる。東京の子たちが相手なら、意図的に藤沢や茅ヶ崎など、遠くで合コンを開くのもグッドアイデアだろう。

## ガングロ・ゴングロ系には間違っても声をかけない

間違っても、声をかけてはいけないグループもいる。「渋谷系」のゴングロオネエちゃんたちだ。いかにも遊び人風で、簡単に落とせそうだと勘違いして誘ったりするとたいへん。コテンパテンに、やられてしまう。飲むや食えや歌えは、彼女たちばかり。遊ぶだけ遊ばれて、勘定だけはしっかり払わされる。まるでオヤジと変わらない。

僕らは、そんなオネエちゃん軍団に出会った時は、「店長、いつものやつ！」で対抗した。合コン会場の店長と親しくしておき、サントリーオールドの瓶に、一方はウィスキー、もう一方には、ウーロン茶を詰めておいてもらっていたのだ。どちらがどっちか判別できるように、キャップは、黒と白に替えてあった。それを頼んで、僕らはウーロン茶、彼女たちにはウィスキーをガンガン飲まして、ベロベロにさせようという作戦だ。しかし、これぐらいやっても、彼女たちは手強い。ましてや合コン若葉マークのキミたちは近づかないほうがいい。

ただし、ゴングロがグループの中にひとりかふたりだけなら、そう神経質になる必要はない。彼女たちは、真性ゴングロではなく、「陸《おか》ゴングロ」だからだ。ゴングロに憧れてファッションとしてやっているだけで、性格的には普通の女の子である可能性のほうが高い。

# システムII　合コンのセッティングと事前戦略

## 一次会はどんなに高くてもひとり五〇〇〇円以下

社会人の中には見栄を張って、豪華な高級レストランで合コンを開いているグループもあるようだけど、「合コンの達人」になろうと思ったら、大衆居酒屋をメインに使うべきだ。合コンの腕を上げようと思えば、回数を重ねるに限る。ところが高級レストランや料理屋は、勘定が高い。そんなところで、週に一回のペースで合コンをやったとすれば、それこそローンで借金まみれになってしまう。

では、予算はどのくらいが適当か。僕の経験では、平均単価は学生でひとり一五〇〇円〜二〇〇〇円、社会人で三〇〇〇円から高くても五〇〇〇円までが相場だ。これ以上高いと、女の子が払えなくなる。

「えっ、男が全部めんどうみるんじゃないの?」なんて言っているようじゃあ、合コンの本質がちっともわかっちゃいない。合コンでの男のおごりはなし。最低、一次会は女の子にも均等割りで負担してもらう。

こちらの経済的な理由もさることながら、男が一方的に出す「おごり合コン」にしてしまうと、女の子の質がグッと落ちてしまうからだ。

おごれば、彼女たちが感謝すると思っているキミ。まったく女の子がわかっていない。むしろ、スタンス的には逆、女の子は高飛車になる。「出してもらって、申し訳ない」ではなく、「出してくれるのなら飲みに行こう」という性格の子しか集まらなくなるのだ。だから、合コンは「割りカンが原則」。男女差をつけたとしても、せいぜい一〇〇〇円が上限だろう。原則としては均等割りで、おごるなら二次会以降の費用をもってやるほうがいい。すべておごってやって、一次会で帰られた日には、こちらの痛手も大きいし。

かといって、女の子に六〇〇〇円も七〇〇〇円も払わせるわけにはいかない。女の子の財布を覗いたことがあればわかると思うが、OLさんでもたいして現金は持っていないもの。財布の中身はほとんどがレシートやメンバーズカードで、現金は一〇〇〇円札が五、六枚という子が多い。だから、割りカンとなると、勢い予算は限られるので、居酒屋クラスが適当なのだ。

次の二次会の費用を考えても、一次会は五〇〇〇円以上になるとアウト。社会人でもできれば、三〇〇〇円ぐらいであげたい。

## 合コンは「割りカン」が大原則。女の子の質キープのためにも鉄則としろ！

## おごりはなし、女の子の分は幹事に立て替えさせておく

「一次会は割りカン」で。この原則は、実は、二次会へ彼女たちを引っ張っていく作戦でもある。数々の合コン体験から気づいた法則がひとつある。一次会で帰る子は、お金を払わなかった子に多いという法則だ。「ごめん、お金ない。貸しといて。後で返すから」でいなくなる。逆に、一次会でお金を払った子は、確実に二次会までついてくる。投資までしたのに、もっと楽しまなきゃあ損だという心理が働くのだ。お金を払うことによって、気持ちが入ってくる。

二次会へ女の子を引っ張っていくためには、お金の集め方もひと工夫したい。さあ、会計。「ひとりいくらだから、それぞれ出して」なんて居酒屋でやるようじゃ失格。女の子同士でお釣りのやり取りなんか始められると、いままで盛り上げた雰囲気が台無しだ。お金のことを話すだけで、女の子はスに戻る。

男の幹事がまとめて払うのもダメ。合コン慣れしているグループだと、男たちにボラれているんじゃないか、という疑いがムクムクと湧いてくるからだ。実際、女の子には、高めの額をいって、稼いでいるやつらもいる。妙な疑いをもたれないよう、「はい、トータル一万三六〇〇円だから、ひとり三五〇〇円だね。とりあえず男性は四〇〇〇円通し」などと幹事が口に出して宣言し、男性陣すべてがお金を出すところを彼女たちに見せるべき。といっても、モタモタしているとテ

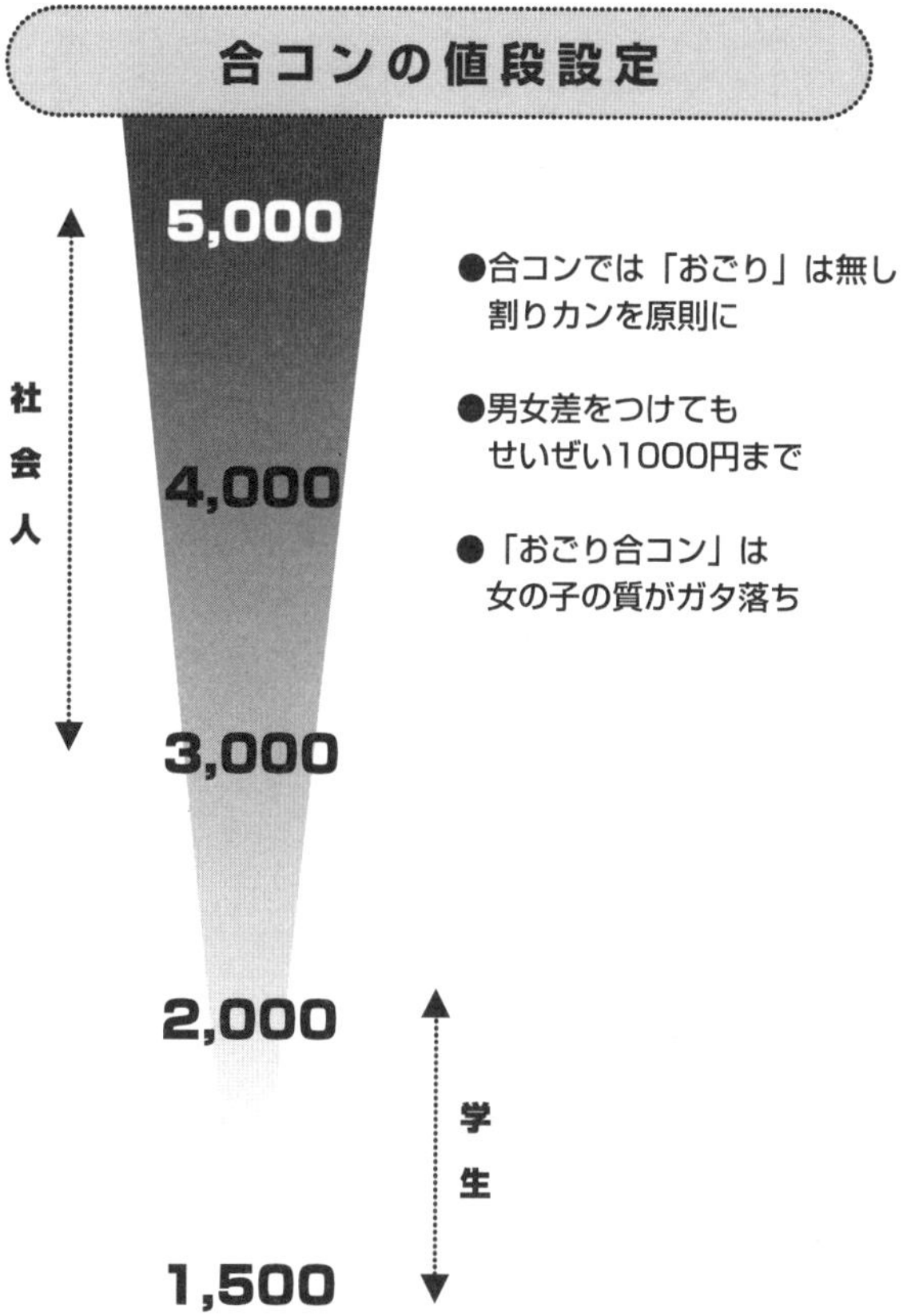
合コンの値段設定
5,000
4,000
3,000
2,000
1,500
社会人
学生
●合コンでは「おごり」は無し
割りカンを原則に
●男女差をつけても
せいぜい1000円まで
●「おごり合コン」は
女の子の質がガタ落ち

ンションが下がるので、サッと財布から一〇〇〇〇円札を出して男の幹事に渡す。一万円札や五〇〇〇円札は、あらかじめ両替して一〇〇〇円札にくずしておくのだ。僕らのチームでは、一〇〇〇円札五枚を全員、財布に入れておくというルールを決めていた。

じゃあ、女の子の会計はどうするか。男の幹事が女の幹事に「ここでワサワサやってもバタついちゃうから、幹事のキミがみんなの分立て替えておいてよ。二次会で精算すればいいじゃない」と女の子のグループの分は、彼女にまとめて払わせる。幹事は、通常、多めに金を持ってきているから、こう要求しても大丈夫だ。

実は、これには僕らの巧妙な作戦がある。お金を立て替えた幹事にしてみれば、みんなから徴収しなければならない。ところが、合コンの費用は、翌日や次の機会になどといって、先送りできない質のものなのだ。酔っている席上のことなので、金額も曖昧になるし、女の子は、今日集まったグループ全員が明日も顔を合わす状況はあまりない。したがって、今日中に集めなければ、幹事にしてみれば取りっぱぐれになりかねない。そこで、幹事は、女の子全員を二次会に引っ張っていこうとする。これがこちらの狙いというわけ。二次会まで来ればこっちのもの。会場に到着したら、女の子同士が精算し始めようと、何の問題もない。

## 会場選びのポイントはこれが鉄則

**一次会で払った子は必ず二次会にも参加。心理を読んで会費集めはこんな工夫を。**

話が前後してしまったが、一次会の会場選びに戻そう。居酒屋の選定ポイントは、①駅に近い、②あまり混んでいなくて、騒がしくない、③安い、④サワー系の飲み物が充実している、の四点だ。

これらの観点から、会場選びを考えてみよう。この四点を満たすとなると、「つぼ八」とか「天狗」とか、「魚民」といった大衆居酒屋チェーンがすぐに思い浮かぶ。チェーン店の魅力は、何といっても値段の設定が低いことだ。本当は、チェーン店ぐらいの安さで、使い勝手のいい店があるといいのだけれど、学生などの場合、予算を考えると、どうしてもチェーン店の中から選ぶことになる。

しかし、同じチェーン店でも合コンに適したところと適さないところがある。たとえば、地下の店。渋谷や新宿には、地下に立地しているチェーンの居酒屋が多い。でも、これはやめといたほうがいい。携帯電話がつながらないという理由もさることながら、混んでいるからだ。同じチェーン店でも、ビルの上の階にある店のほうが空いている。マークするなら、そっち。

また、チェーン店には、メインストリートに面している店と、脇道に入ったビルにある店がある。これは後者に軍配があがる。メインストリートに面している店は、同じチェーンでも大型店が多いからだ。二十人、三十人座れるテーブルが置いてあり、店はサークルのコンパなどの予約でいつも埋まっている。騒がしいうえに、飲み物を頼んでも、なかなか出てこなかったり、従業員に声をかけても、無視されたりする。これは致命傷だ。混んでいる店の最大の欠点がこれ。

リズムをこわす店とは、タッグが組めないのだ。

その点、脇道に入ったビルの上にある店はこぢんまりしているところが多く、比較的空いている。注文も通りやすく、顔なじみにもなりやすい。

サワー系の飲み物が充実している店も絶対の条件だ。というのも、女の子の中には、ビールや日本酒はダメという子がけっこういるからだ。サワー系なら比較的、誰でも飲める。カクテルなど甘くて口当たりがよく、かつ「キック力」のある（回りやすい）お酒をおいてある店ならなおけっこうだ。参考までに、キック力は強いけど口当たりの良い飲み物をあげておこう。

・デキャンタのワイン
・赤ワイン＋グレープフルーツジュース
・白ワイン＋オレンジジュース
・日本酒＋コーラ

店のつくりもチェック。これは絶対の条件ではないが、できれば座敷がある店が理想。掘りゴタツ式なら疲れないからなおけっこう。靴を脱いで座れば、女の子はどうしても席を立ちにくい。その分、じっくり飲ませられるし、こちらの目の届かない時間も減らせる。

逆に絶対、避けるべきはカウンター席。横一列に座っては、チームワークが発揮できない。

こうした条件を加味しながら、地域を変えて、最低三、四店は、ホームグラウンドをかまえておこう。同じ店でばかりやっていると、前にやったグループと鉢合わせしかねないからだ。

手っ取り早く見つけるには、職業別電話帳を活用するといい。たとえば、新宿や渋谷の飲み屋を電話帳で探すと、同じチェーンの店が何軒もかたまっている。これらの店は一応パスして、居酒屋系でもその地域でチェーンがほとんどない独立店をチェックするのがコツだ。その中から、下見をして条件に合った店を会場に選ぼう。そんな暇がなければ、電話で座敷があるか、飲み物はどうかなど事前に確認しておくだけでも違う。

店のどの酒がどれぐらいの濃さで、どの料理とセットにすれば、お酒がより進むかなど、店を熟知していればいるほど、こちらの計算通りに合コンを運べる。したがって、ホームグラウンドを持つことは非常に重要だ。

参考までに、僕らがホームグラウンドに使っていた店を紹介しておくと……。

一軒は渋谷センター街の「天狗」二号店。駅から最も近いし、ここは何といっても目玉商品であるピッチャーに入ったワインが魅力だ。メチャメチャ安いうえにきつい。女の子にどんどん飲ますと悪酔いする。これは大きな武器だ。

新宿では、紀伊国屋ビルの確か隣りのビルの四階だかに入っている「大正亭」。料理は少々値がはるがうまい。しかも、悪酔いするブランデーがある。「悪酔い」はキーワードってわけ。

大正亭は、従業員がみんな仕事ができるのも○。おそらく社員教育が行き届いているのだろう。呼べばすぐに来てくれるし、目線を合わせただけでもこちらの意図を察して、サッと注文を取り

**居酒屋チェーンでも地下店はNG、上の階はOK。混雑の程度が決め手になる。**

に来てくれる。料理の出方もタイムリー。料理が遅れても、最低飲み物はすぐに出てくる。兵糧が切れると戦いにはならないので、飲み物がサッと出てくるのは、重要な条件のひとつといえるだろう。

ただし、呼びもしないのに、店員がしょっちゅうやってくるような店は最悪だ。「ビールどうですか」「もう、ラストオーダーですよ」。こんなことをやられたら、たちまち興ざめしてしまう。必要な時だけ、さっと反応してくれる従業員のいる店が理想なのだ。

## キーステーションからひとつ先の急行停車駅が理想

もっとも、最終的にホームグラウンドになったのは、中野の「黒船」と下北沢の「天狗」、荻窪の「つぼ八」などだ。実は、これには深いわけがある。さっきあげた条件を満たしているばかりでなく、立地がいいのだ。

地方在住の方にはおわかりにならないかもしれないが、中野、下北沢、荻窪はいわゆるターミナル駅ではない。中野は新宿から中央線の快速電車で五分ぐらい、荻窪は一五分ぐらいかかる。下北沢にしても、新宿から小田急線の急行に乗り、一〇分程度の距離。

普通、合コンといえば、みんなが集まりやすく、知っているからという理由で新宿や渋谷といったキーステーションで開こうとしがちだ。しかし、キーステーションにはいくつかの難点がある。

## 合コンにおける店選びのポイント

① **駅に近い**
- ターミナル → 集合に便利だがリスクあり
- ターミナルはずし → ロケーションに難も種々のメリット

② **混まずに騒がしくない**
- 店員の態度をチェック
- 料理はタイムリーに出るか

③ **安い** → 設定予算で会計を仕上げる

④ **サワー系ドリンクの充実** → キック力の強いドリンクはあるか

たとえば、人混みが多くて、待ち合わせに苦労するだけでなく、電車で移動しなければならなくなった場合にも、券売機に人が並んでいて、乗車券をなかなか買えないというデメリットがまずある。

さらに、待ち合わせ場所や会場で、知り合いにばったり出くわす可能性が高い。自分たちがかつて合コンをやった女の子たちに見つけられて話しかけられるのもまずいし、相手の女の子が友人に会ってしまうのもまずい。女の子たちが友だちと会って、話が盛り上がったりすると、合コンに対しては、ものすごくトーンダウンするからだ。

また、渋谷や新宿では、すごくカッコイイやつがいたり、芸能人がロケしているシーンに遭遇したりする。これも、彼女たちの合コンへの集中力をそぐ。中野や荻窪なら、こうした危険性が薄らぐ。

もうひとつ、大きなメリットがある。女の子たちの終電逃しにひと役買ってくれるのだ。

東京に住んでいる子は、ターミナルの終電の時刻はだいたい覚えている。新宿で何時何分に電車に乗れば、終電に間に合うかわかっている。ところが、中野や荻窪となると、まるでわからない。たとえば、赤羽の子がいたとしよう。新宿からは午前一時頃の電車でも、赤羽まではたどり着ける。ところが、中野から新宿方面の電車は、その一時間前に終わってしまうのだ。しかし、女の子はその事実は知らない。新宿に一時に行けば間に合うと思っている。かくして、「もう帰らなきゃあ」といった時には、終電は過ぎているという寸法だ。

また、中野や荻窪、下北沢といった駅は、急行や快速が停まるので、集まりやすい。この点でもグッドだ。

キーステーションから一つ目の急行が停まる駅にある飲み屋を合コン会場に選ぶ。これは大事なセオリーのひとつだ。

もし、急行の停まる駅に格好の居酒屋がなければ、その前後の駅でも可。交通事情は悪くなるが仕方がない。ただし最寄り駅が、あまり有名でない街で合コンを開く時は、誘い方を工夫する必要がある。たとえば東北沢とか、代々木上原とか、梅ヶ丘といった駅だ。こんな小さな駅の街でやるというと、女の子は「えっ、それどこ?」と腰が引けてしまうので、彼女たちには一番近くの有名でおしゃれな街の名を告げて誘う。駅は梅ヶ丘でも、代々木上原でも「下北」だ。僕らは、荻窪でやる時には「吉祥寺」、藤沢や茅ヶ崎方面なら、すべて「湘南」というようにしていた。言葉の響きとイメージが大切なのだ。

## 一次会スタートは「七時か七時三〇分」がグッド

合コンの開始時刻は、何時からが適当だろうか。

オススメしたい開始時刻は、「七時か七時三〇分」だ。一般的に合コンの開始時間で多いのは、

**終電対策にはターミナルからひと駅ずらした街が有効、だがイメージには注意を。**

五時三〇分から六時頃。しかし、この時刻はやめておいたほうがいい。街にウジャウジャ人があふれている時間帯で、待ち合わせしにくいだけでなく、二次会の会場確保もむずかしくなるからだ。

居酒屋の予約は、普通、二時間単位が基本。ということは、八時頃には、ワッと二次会に繰り出すグループが増える。合コンだけでなく、部や課、サークルの飲み会なども同じ時間帯に集中するから、八時頃はどこの飲み屋もいっぱい。その結果、どこに行っても居酒屋が満員で、二次会ジプシーになってしまう恐れがあるのだ。

その点、開始時間を七時や七時半にしておけば、一次会がはねる頃には九時を過ぎている。この時間帯になると、居酒屋も空いている。

八時からの遅い時間帯はどうか。遅く集まれば集まるほど、終電を過ぎるまで女の子を引っ張れる可能性が高くなる。終電までの時間があり過ぎて間延びして、女の子をオールにしにくいというのも六時を避ける理由のひとつだ。ところが、八時以降スタートというと、魂胆が見え透いていて、女の子たちに嫌がられる。

OLなどの場合、時間的にも間が空き過ぎるのが問題。退社時刻は普通五時、遅くても六時までには仕事は終わる。合コンを予定している街まで来る所要時間をたっぷり見込んでも、一時間後には待ち合わせ場所まで着く。七時が開始時間で、集合は六時五〇分だったとしたら、ウィンドウショッピングやドトールなどで暇つぶしできても、八時となると間がもたない。したがって、OL相手なら七時、学生でもせいぜい七時三〇分が限界となる。

## 合コン初心者は「平日コン」から始めたほうが無難

一週間のうち、何曜に合コンをいつセッティングするか。これも重要なポイントのひとつだ。なんていうと、花の金曜日が一番だろと思ったキミ、だからダメなんだよ。金曜は、確かに翌日が休みだから、女の子もハメを外せるというメリットはある。平日は翌日お勤めがあるＯＬ相手の合コンなら、なおさらだ。

でも、みんなそう考えるのだろうね、居酒屋はどこも満員御礼になってしまう。そうなると、せっかく盛り上がって二次会へ行こうと思っても、会場がないなんてことになりかねない。あちこち二次会の会場を探してさまよう。合コンジプシーになっちゃ、もうお仕舞い。せっかく一次会でテンションを上げたのに、彼女たちも冷えてきちゃって、二次会どころじゃなくなってしまう。最初から二次会会場を予約したりしない僕らのやり方だと、合コンピークの金曜はあまりにもリスクが大き過ぎる。それに金曜は、居酒屋もかきいれ時だから、もう店員は必死。どんどん料理や酒を片づけていく。他人に仕切られちゃって、こっちのペースが乱されるんだ。土曜も同様の理由で×。

合コン初心者は、とりあえず平日の夜が無難だ。学生相手なら、オール（オールナイトのこと）

**金土・祝前日より「平日コン」、ピークをはずしたほうがオールに誘導しやすい。**

にしやすいし、平日はマイペースで進められる。客も少ないので、余計な気づかいも必要ない。余裕を持ってステップを踏める。

上級者になれば、週末のダブル・ヘッダーなんて高等戦術も使えるようになるけど、それまでは「平日合コン」で腕を磨こう。

日曜日は、どうかって？　結論から言っちゃえば、日曜は「仕込み」の日にする。日曜の昼間のターミナルって女の子たちがわんさかいるだろ。ネタを仕込む最大のチャンスなんだ。めぼしい女の子を見つければ、次から次へと名刺攻撃を仕掛けておく。これを四時頃まで続けて、五時頃からは夜の八時までの三時間は「メンテナンス・タイム」。この時間帯が最も女の子が家にいる確率が高いからだ。電話番号をゲットした女の子に連絡して、合コンを次々とセッティングしていくってわけ。えっ、どう誘いをかければいいのかって。「合コンしよう」でいい。もし、その中にキミが気にいった子がいれば、この時、「一対一で合コンしよう」って水を向けるのも手だ。笑ったら、ＯＫのしるし。あとは、具体的な日時を設定するだけだ。

「一対一なんて合コンじゃない」って拒否されたって、臆することはない。その時点で「そうだよね」って通常の合コンをセッティングする方向に切り替えればいいだけのことなんだから。

ちなみに雨の日は、めちゃくちゃ合コンに適している。移動が面倒なため、勢いひとつの会場で長居をすることになり、落ち着いて、こちらの作戦が実行できる。移動するにしてもタクシーになるので、後述するセオリーを守れば、女の子をがっちりキープすることができる。

## 合コンにおける曜日・時間タイムテーブル

平日コン → オールにしやすいメリット

平日コン → 合コンジプシーの危険度大

7:00〜7:30 → 集合時刻
1次会スタート
（システムによる盛り上げ）

9:00〜9:30 → 1次会終了
2次会へ移動
（ゲーム・コールによる盛り上げ）

11:00〜12:00 → 終電時刻を考慮に入れての
作戦遂行

## 事前の練習、打ち合わせは必ず行う

合コンの日取りも会場も決まった。さあ、あとは当日を待つばかり。でも、ちょっと待て。いきなり本番は、危険だ。とくにチームプレイに慣れていないうちに、ぶっつけ本番では、うまくいくものもうまくいかなくなる。二、三度、メンバーが集まって、綿密な打ち合わせと意思統一を行っておこう。もちろん、この時に「ポジション」も割り振る。

また、「ゲーム」や「コール」の事前練習も欠かせない。後でも触れるように、僕らのシステムは、「ゲーム」と「コール」の出来が、成否を握っている。「ゲーム」のやり方は当然のこと、「コール」もすべて覚えておく必要がある。「ゲーム」と「コール」は、息の合わせ方が勝負なので、何度練習しても過ぎることはない。たとえば、「山手線ゲーム」なら、全員が山手線の駅全部をいえるまで何度でも繰り返すぐらいの用意周到さが欲しい。個々で暗記したり、練習するだけでなく、全員が集合してリハーサルしておこう。

合コン当日も、最終の事前ミーティングを必ず行う。女性陣との待ち合わせ三〇分ぐらい前に、待ち合わせ場所近くのファーストフードやファミレスに集合する。そこで、飯を食べながら、今日のポジション、やるべき仕事、サインなどを再確認しておくのだ。

今日の合コンのテーマも徹底しておく。テーマもなしに、合コンを漫然と開いていたのでは、腕は上達しない。今回は、【雑用係】と【メンテ係】の仕事を中心に、「女の子への気配りだけはきちんとやろう」とか重点目標を決めておくべきだ。

これから合コンをやろうっていうのに飯なんか食うの、と不思議に思った方がいるかもしれないが、事前に食べ物を腹に入れておくのも、実は大事なセオリーのひとつなのだ。空きっ腹でアルコールを入れると、吸収力がよいので、回りも早い。酔ってしまっては、仕事もおろそかになりやすいし、言ってはいけないことも口走ってしまう。

実際、よくありがちなのは、つい酔いにまかせて、こちらの舞台裏、手の内をペラペラと喋ってしまうやつが出てくるという失敗だ。そんなことにならないためにも、しっかり夕食は食べておく。こうしておけば、酔いにくいし、酒好きのやつでもあまり飲めない。僕らが常用していたのは、牛丼。安くて腹にたまるので、合コン前の腹ごしらえにはぴったりだ。

仕事の都合で三〇分前に集まれない時は、前日に最終ミーティングを実施しておこう。

## テレコを活用してチームを強化する

合コン達人への道は、事前の打ち合わせと反省会なくしてはない。

僕らが合コンの腕を磨くために活用したのがテレコ。テープレコーダーで、合コンをまるごと

**最終ミーティングは待ち合わせ30分前に。腹ごしらえ兼用でアルコール対策にも。**

録音し、これを元に反省会を開くのだ。

いきなり席について、テレコをテーブルの上に置くと、女の子は引いてしまう。しかし、乾杯の後なら、女の子もあまり抵抗がないものだ。その際のセリフはこう。「僕らは、真剣に合コンの研究をしているんだ。合コンのプロになりたいと思ってるほどなんだ」。これでＯＫ。女の子たちから疑いの視線は消える。

録音したテープは、いってみれば証拠品だ。たとえば、誰かがチョンボをして、女の子が帰ってしまったとしよう。「お前が、あの時、あんなことを言ったから、帰ったんだ！」と指摘しても、本人はなかなか認めない。わかっていないからチョンボしているのだから、当然といえば当然。「いや、オレは悪くない。他の誰かが何か言って怒らせたんじゃないの」と水掛け論になってしまう。そんな時に証拠のテープをみんなで聴く。これで原因がはっきりして、二度と同じ過ちは繰り返さないようになる。

録音したテープを聴けば、反省材料にもなる。僕らのシステムで合コンをやると、今までできなかったこともできるようになる。みんな最初は楽しいからもっと腕を磨きたいという意欲がある。そこへテープを聴くので吸収力も高い。こうして思考がどんどんポジティブになっていく。

僕らは、新人が入った時もテープを研修の材料にしていた。ついでに新人の育成法について述べておくと、新人は適性によって「ポジション」を決め、合コンでは、その役割で経験を積んでいるプロフェッショナルについて実地に学んでもらうことにしていた。ＯＪＴってわけだ。そして、テープを聴かせる。これを繰り返せば、格段に腕が上達していく。

キミたちの場合、師となる人間が周りにいないだろうから、すぐには飲み込めないかもしれない。しかし、テープを録音し、この本を何度か読み直しながら努力していけば、かならず達人の域にまで到達するはずだ。僕らだって、そもそもは手探りの独学だったのだ。

ついでに、合コンの「必携ツール」についても述べておこう。テープレコーダーの他には「ペン」。これは「王様ゲーム」などで使うだけでなく、女の子たちの電話番号をメモるにも必要。ペンは東急ハンズなどで売っている首からぶら下げるやつを用意しておく。ポケットに差しておいたりすると、なくなる可能性があるからだ。

首からぶらさげるといえば、「笛」を小道具として活用すると、メチャメチャ彼女たちのテンションを上げられる。たとえば、メンバーのひとりが二次会で隣りの女の子とイチャついていたとしよう。ここですかさず、【日直】が「ピッ、ピッ、ピッ」とやって、「そこぉ、警告！」なんていいながら指さすと、女の子たちにウケる。笛を適宜使っていけば、合コンの勢いが増す。

## 仲間内だけがわかるサインを決めておけ

チームとして相手を打ち負かすためには、こちらの作戦を敵に悟られないように「サイン」を

**合コン必須アイテムはテレコ、ペン、笛。録音はスキルアップの効果絶大ツール。**

決めておく必要がある。たとえば、高校野球では司令塔である監督とプレイヤーである選手の間で、「帽子に触れるとバント」なんてサインがあらかじめ取り決められているから、作戦も成功する。あれと一緒で、合コンもチームプレーである限り、サインがあったほうが、スムーズに戦術を展開できる。

ちなみに、僕らがもっぱら使っていたのは、仲間内だけに伝わる「隠語」だ。たとえば、「ああオレ、今日、カレー喰いてえな」とひとりがコンパの席上で突然言う。居酒屋でカレーは唐突だ。しかし、仲間はみんな、その意味がわかっている。「カレー喰いたい」は、相手の女の子の中に、真剣に彼女にしたいほど気に入った子がいるという意思表示なのだ。

通常、僕らのシステムでは、女の子を独り占めせず、「みんなで喜びを分かち合う」を原則としているが、彼女にしたいと思った場合に限り、例外を認めている。そのサインが「カレー喰いてえ」ってわけ。他にも、次のような隠語を決めているので、君たちがオリジナルをつくる時の参考にしてくれたまえ。

**【幹事マックス】** 幹事がルックスレベル最高の場合。幹事が本気で彼氏をつくりたいと思っている場合は、自分よりルックスレベルの低い子を集めようとするので、しばしば「幹事マックス」になる。そんな場合、僕らはドタキャンを決め込む。

**【オール】** オールナイトの合コン。Hまでいく確率が高く、「オールにしやすい子たち」が狙い目。

【ローリング】いわゆる「花ビラ回転」。ルックスレベルの最も低い子を押さえるためにチヤホヤする究極の接待手法である。「今日のローリング、誰？」などと使う。

【基本に戻ろう】誰かがやるべき仕事を怠っている場合に使う。単に「基本」と略す時も。

【ネタ】すでに述べた通り、合コンをやってくれるオネエちゃんたちのこと。

【爆弾】合コンの流れを止める女の子のこと。ルックスレベルの最も低い女の子が「爆弾」になりやすい。また、酔って泣き出す子も爆弾。爆弾処理班は【雑用係】だ。

## 合コン当日は、あらかじめ店長に挨拶

一次会会場は、必ず予約を入れておく。当日行って満員ではお話にならない。

また、合コン前日、もしくは当日に、予約した居酒屋に、挨拶に行こう。居酒屋の開店時間は、普通、五時頃だ。この時刻を見計らってメンバーのひとり（幹事なら幹事と決めておこう）が訪れ、レジにいる人に「今日（もしくは明日）、予約を入れている○○です。よろしくお願いします」と声をかけるのだ。

この時刻にレジにいる従業員は、店長である可能性が高い。店長に挨拶しておけば覚えがめでたくなる。そうすると、イイ席を取っておいてくれたり、何かと便宜を図ってくれる。

**サインを決めて秘密コミュニケーション、作戦を露見させないテクにはもってこい。**

じゃあ、イイ席とはどこか。基本的には、一番「レジから遠い席」だ。レジには次々と会計の客が来る。こちらも落ち着かないし、とくに女の子は人目が気になるものなので、合コンに集中できなくなる。レジから遠いテーブルがいいという理由はもうひとつある。トイレは通常、レジの近くにある場合が多いからだ。すぐ近くにトイレがあると「ソロ活動」がしにくい。あとで触れるように、女の子がトイレに立った時に男が「フォロー」することが重要な手順のひとつになっている。立ってすぐだと、これがやりにくい。

挨拶に行った時に、トイレとレジの位置をチェックして、最適のテーブルを確保してもらうように頼んでおこう。この時、店長の名札もしっかり見ておくこと。たとえば、「佐藤義雄」だとしよう。メンバーには事前の打ち合わせで、この名を教えておく。そして、会場ではみんな「佐藤店長、どうも！」といった具合に名前を呼んで挨拶したり、声をかけるのだ。店長も悪い気分はしない。ビールの一本もサービスしてくれるし、グループも覚えてもらえる。

たとえば、会計だ。「会計お願いします」と声をかけるだけで、レジに行かなくとも、店長自らが伝票を持ってきてくれて、お釣りもテーブルから動かずにもらえたりする。

二回、三回とその店で合コンをやればなおさら。得意先として便宜を図ってくれるので、こちらも非常にやりやすくなる。事前の挨拶は怠りなくやっておこう。

# システムⅢ　連戦連勝の最強合コン術

## 待ち合わせ場所は男女別々に

最終ミーティングを、当日に行う、行わないにかかわらず、待ち合わせ場所は、男女別々に決めておく。

よく会場に「現地集合」なんてやっているけど、これは絶対ダメ。女の子が先に着いてしまうと、席の配置をコントロールできなくなる。主導権をあくまでもこちらが握って進めることが合コンを成功させる秘訣。最初から相手のペースでは、失敗は目に見えている。また、チェーンの居酒屋を会場にした場合、同じ地域に何店舗もあって、女の子が勘違いしてしまう危険性もある。

で、待ち合わせ場所の選び方。第一の条件は、「一次会会場に近い」こと。この理由についてはあとで話す。二つ目のセオリーは、女の子たちが、間違いなくたどり着ける「わかりやすい場所」を指定しておく。となると渋谷のハチ公前だとか、新宿のアルタ前など、待ち合わせのメッカが思い浮かぶが、これは論外。場所がわかりやすいかわりに、人がいっぱい。七時頃となればなおさらで、すぐそこにいても見つけられないからだ。

キーステーションで開く場合は、デパートのエレベーター前がわかりやくて、ひと気もほとんどないのでうってつけ。たとえば、「伊勢丹の新館一階エレベーター前」といった具合だ。アルタでも、二階のエレベーター前は、うって変わって人がいない。アルタを指定するなら、二階で。ただし、デパートによっては、エレベーターがいくつもある場合があるので要注意。そんなところは避けたほうがいい。

キーステーションではなくて、改札がひとつの駅なら、やはり改札口が最もわかりやすいだろう。小さい本屋が駅の近所にあれば、本屋もOK。雑誌をめくったりできるので、誰か遅れてきても、女の子たちが退屈せずに済む。コンビニの前もわかりやすい待ち合わせ場所のひとつだ。やめておいたほうがいいのは、銀行。男から考えれば銀行はわかりやすいようで、女の子は銀行のマークをあまりわかっていない。ヘタをすると別の銀行の前で待っていたりする。とくに何店も銀行が軒を連ねるキーステーションでは危険な待ち合わせ場所になる。

## 顔を合わす前から戦いは始まっている

別々に待ち合わせるのは、女の子たちの情報をあらかじめゲットしておくためと気まずい雰囲気を回避するためだ。男は女の子たちに指定した集合時刻、一〇分前にあらかじめ決めておいた

現地集合は絶対ダメ、待ち合わせは別にして合コンの主導権をつねにキープしろ!

場所に集まる。そして、集合時刻の間近になったら、向こうの幹事に面が割れていない【メンテ係】が偵察に行く。その結果、まだ女の子が全員集まっていないようなら、しばらく様子を見る。【メンテ係】が全員揃ったことを確認した後に、【日直】が登場する。

なぜ、こんな手の込んだことをするのかといえば、向こうが幹事と女の子ふたりだけしか集まっていない段階で、【日直】が姿を現すと、ことによっては気まずい雰囲気にさらされる可能性があるからだ。

幹事はたいていの場合、真っ先に待ち合わせ場所に来る。しかし、次に来た子が幹事と知り合いとは限らない。幹事の誘ったメンバーの友人で、直接は面識がなかったりする。初対面のふたりなので、ぎこちない空気が流れるのだ。そんな中で、ずっと待ち続けるとこちらもテンションが下がる。

一〇分たっても、まだ来ない子がいる。時計の針は、会場の予約時刻を過ぎようとしている。こうした場合どうするか。待ちぼうけをくらっている女の子たちは、まだそのままにしておいてもかまわないが、他に打たなければならない手がある。居酒屋への対応だ。それでなくても混んでいる時間、遅れるとキャンセルされてしまう可能性がある。電話で遅れる旨連絡しようなんていうのはアマい。混雑しているため、電話に出てくれないケースがほとんどだからだ。

そこで【雑用係】が走って会場を押さえに行かなければならない。【雑用係】が、「メンバーが集まるのがちょっと遅れてます。もう少しで来ます」といっても店側が承知してくれないケースがある。この時は、【雑用係】は席に座って、テーブルを確保しなければならない。

後で触れるように、移動は常にマンツーマンディフェンスが原則。こんな時のためにも、男がひとり多いほうが都合がいいというわけだ。

一方、女の子たちは、どれくらいなら待たせても大丈夫か。三〇分までなら、かえってこちらに有利に働く。【日直】の登場時間がズレればズレるほど、主導権をこちら側に引き寄せやすいのだ。幹事は、来ない女の子に気持ちが集中している。むしろ、男のメンバーが揃ってしまい、待たせるのを心配する。だから、向こうのメンバーが全員揃わないうちは、どのくらい待たせてもかまわない。

ただし、三〇分が限界。会場の居酒屋もいい顔をしないので、そこまで待ってまだ全員揃わないようなら、【日直】が登場し、遅れた子はおいて居酒屋に向かおう。

セオリー通り設定できていれば、待ち合わせ場所から一次会会場へは、長くてもせいぜい五分間ぐらいの道のり。でも、この間も手を抜いてはいけない。【日直】はサッと幹事役の女性につき、【メンテ係】も、他の女の子の横へ。「どういうグループなの？」などと話しかけて、相手のテンションをとにかく下げないことが大切だ。無言で黙々と歩くなんてマネをしてしまうと、一気にムードが沈む。これじゃあ、戦わずして負けが決している。

で、できればマンツーマンでいきたいところだけれど、この段階でマンツーマンディフェンス

**定時から10分したら居酒屋へ走る。遅刻した子は利用価値アリだが30分が限界。**

が完璧にこなせるのなら苦労はない。【日直】と女幹事以外は全員初対面。相手の女の子をリラックスさせるには、ナンパに近いノリが要る。普通、そんな能力はないので、どうしてもお互いの品定めという感じが否めず、怪しいムードになってしまう。だから、とりあえず引率役は【日直】がメインで、【メンテ係】がフォローするぐらいしかできない。こんな理由で、なおさら待ち合わせ場所は、一次会の会場の近くが好ましいってわけ。

待ち合わせ場所でしっかりチェックしておきたいのは遅刻した子。女の子のグループでは、必ずひとりぐらい遅刻してくる子がいる。こんな子は統計的にいうと、合コン慣れしていて、お酒をよく飲む可能性が高い。二次会、三次会に率先して行こうとするのもこのタイプ。だから、遅れてきた子は、使い道がある子。しっかりマークしておこう。

男の場合、前述したように、時間にルーズなやつはメンバーとしても失格だし、遅れて登場されると、空気がぶち壊しになる。しかし、女の子が遅れること自体については、何も問題はない。むしろ、こちらとしては歓迎材料だ。その子をネタにして、話題を盛り上げられるからだ。

たとえば、三〇分以上遅刻し、女の子の幹事から連絡を受けて、やっと会場にたどり着いた子がいたとしよう。彼女が席につくやいなや、【ネタ振り係】が、「とりあえず乾杯いこうか」。乾杯が終われば、「どうしてそんなに遅れてきたの？」と話題を次ぐ。そこから話題を膨らませていけば、これも盛り上げる材料になる。

## 合コン　待ち合わせから1次会場までの流れ

待ち合わせ=**7:00**

**6:00** 男性チーム集合 → 事前ミーティングと飲み対策の夕食

**6:50** 【メンテ係】、偵察に出発

**7:00** 全員集合を確認して【日直】登場
遅刻するようなら【雑用係】が対応

↓ マンツーマンディフェンスで会場へ
【日直】メインで【メンテ係】がフォロー

**7:30** 遅刻者はとりあえず切り捨てて、
あとで活用

## メニューは前もって片づけさせておく

居酒屋に入っても、「先んずれば敵を制す」の精神でいこう。席順は、こちらが仕切る。初めから男女を交互に座らせてしまうのがセオリーだ。最初から親密度が高い状態が好ましい。

この時、【日直】が全員の状況がよく見渡せる角位置に陣取るようセッティングするのがコツ。コントロール・タワーが、みんなの動きを把握できない位置に座ると、指令が出せなくなってしまう。

もうひとつ、女の子の幹事は【日直】と【ネタ振り係】の間に座らせるのが鉄則。女の子の幹事は重点攻撃目標なので、ふたりで徹底管理するのだ。これについては後で触れよう。

こうした座席位置の原則を考えながら、男のメンバーが先に座ってしまえば、思い通りの配置ができる。

メニューはあらかじめ、店員に頼んで撤去させておく。メニューを置いていると、女の子たちがめいめい開いて、「私、レモンサワーにしよう」とか「私飲めないからウーロン茶でいい」とか、勝手に注文し始めるからだ。あくまでも注文の主導権は、こちらが握っていなければならない。女の子がメニューを手に取って眺めているだけでダメパターンだと思え。

## どんなに薄くてもいいから、お酒を飲ませる

着席したら、【メンテ係】が間髪を置かず、ビールを頼む。「私、ビールはダメなんです」なんていう子がいても、「とりあえず、一杯だけは乾杯しよう」と説得する。飲めない子ならなおさら、最初にアルコールを少しでも口にさせることが大切だ。

僕らのシステムは「飲み」と「ゲーム」と「コール」によって成り立っている。したがって第一関門は、どれだけ女の子たちに飲ませられるか。これが最大のポイントとなる。だから、最初の一撃は重要だ。

メインにするお酒は、安いサワー系。逆にワインは値段が張るので避けたいアルコールだ。もっとも、「天狗」のワインのように安くて強いやつがあれば、ワインも使える。また、ワインは場合によっては戦略的に使える。女の子は、「取れたてのワイン」「ここだけしか飲めない限定のハウスワイン」という言葉に弱い。お酒があまり強くない子でも、「ボジョレーヌーボー」なんて僕らもよく分からないことをいうと、けっこう飲む。

ただし、ワインにしろ、酎ハイ系にしろ、ひとつだけ、きっちり押さえておかなければならないポイントがある。居酒屋によって、アルコール濃度が随分と違う。女の子たちにはできるだけ

**メニューは女の子には見せない。飲めない子は「とりあえず乾杯」作戦で攻める。**

濃いお酒を飲んでもらいたい。だから、どこのワインはどのくらいのアルコール度、酎ハイ系はどこが濃くつくってくるなどの情報は事前にしっかり把握しておくべきだ。

女の子を酔わせていい気分にさせるためには、知っておかなければならないセオリーがいくつかある。まず、「水の管理」だ。できるだけ水は飲ませてはいけない。水を飲んでしまうと食欲が湧いてきて、食べる。そうなると、アルコールが入らなくなって、酔いが醒めてしまうという悪循環が起こってしまうからだ。したがって、どんなに薄くてもいいから、必ずアルコールを飲んでもらう。

飲めない子やお酒が弱い子に飲ませるには、勧め方にもコツがある。「科学的」というキーワードで説得するのだ。たとえば、「栄養学上、飲まないと体に悪いんだよ」。ワインなら、「フランスではワインは子供でも飲んでるよ。赤ワインにはポリフェノールという成分があって、美容にいいんだ。ワインはお酒のうちに入らないから大丈夫だよ」。こんな説明で勧められると、女の子は弱い。

## お酒を強要する前に、ムードを盛り上げろ

ただし、お酒に関しては、絶対守らなければならないセオリーが二つある。その一は、間違っても、無理やり飲ませないこと。多くの合コンが失敗してしまうのは、このセオリーを忘れてい

るからだ。酔わしてしまえばこっちのものだとばかり、ガンガンお酒を勧める。挙げ句の果ては、「飲めよ！」なんて強要するバカまでいる。

こんなマネをしてしまうと、男の下心が見え見えで女の子たちも警戒してしまい、嫌がられるのがオチだ。逆にお酒も進まず、場が寒〜くなる一方。空気はたちまちフリーズし、気まずい雰囲気が流れ始める。これでうまくいけというほうが無理な話だ。

お酒は、飲ませるのではなく、あくまでも女の子たちが「飲みたい気分」にさせる。これができるかどうかが合コンの成否を握っていることを肝に銘じておけ。

じゃあ、どうすれば、女の子たちは飲みたくなるのか。結論からいえば、盛り上げがすべて。テンションが高くなっていけば、彼女たちのアルコール摂取量は自然に上昇していく。したがって、盛り上げが足りないうちにお酒を無理強いするのは、絶対御法度だ。

僕らのシステムの完成度が非常に高いのも、確実に盛り上げられる手法を持っているからだ。具体的には次の章で説明するけど、「ゲーム」と「コール」がそれ。ネタ振り係のトークにのってこない子でも、「ゲーム」と「コール」があれば、簡単に気分をハイにできる。

いずれにしても、無理やり酔わせようなんていうのは愚の骨頂。「急いては合コンもし損じる」。まず、彼女たちの気分の高揚に全精力を注げ！

もうひとつのセオリーは、「男たちもちゃんとお酒を飲む」。そこで考えておかなければならな

**お酒の無理強いはタブーだが、盛り上げればアルコール摂取量は確実にアップする。**

いのが、メンバーのアルコールの強い弱い。こちらのメンバーが酔っぱらって沈没したのでは、シャレにならない。その予防策として、事前に腹ごしらえしておくのだが、それでも弱いやつは酔っぱらってしまう。

これを防ぐには、［ポジショニング］も重要、【雑用係】は席を立って逃げられるので、お酒が弱い人間は【雑用係】もしくは【日直】にしておくのもひとつの対策だ。一次会の段階はともかく、二次会になると［ゲーム］が始まる。この［ゲーム］の仕切りは【日直】の担当。そのため、いかようにもアルコールの調整ができるし、ゲームの仕切りに忙しくて、グラスに手をやる回数が自然に少なくなる。

また【日直】はゲームの際に、酒の弱いスタッフになるべく当たらないように細工する。これについては次章で触れる。

## 料理は大皿盛りの辛めのメニューを選べ

料理の注文も、もちろん、こちらがコントロールする。

合コン料理の第一の基本は、「取り分けられる料理」。焼き鳥や焼き魚など、めいめい皿に盛られてくるメニューはパスだ。なぜなら、テーブルの上で「仕事が発生する料理」のほうがお互いの共感が高まるからだ。

凶悪犯が人質を取って立てこもった場合、警察が差し入れるのは、ペットボトルやフランスパンだという。犯人も人質も同じ食べ物、飲み物を分け合うことによって連帯感のようなものができて、凶悪犯も人質を殺しにくくなるという理由からだそうだ。これと同じ理屈で、ひとつの料理をみんなが取り分けることによって、親密度が増す。

第二の基本は「辛め、濃い味の料理」。なぜなら、辛い料理や味の濃い食べ物なら、喉が渇き、お酒が進みやすいからだ。「みんな東北出身なんで、濃いめの味じゃないとダメなんだ」とでもいいながら、フライドポテトなんかにも、たっぷりケチャップをかけてしまおう。コースメニューだと、こんな細工はできなくなる。

合コン料理の第三の基本は、「実際は安いけど、高そうに見える料理」だ。一例をあげると、上海堅焼きソバなどは、値段の割には見栄えがいい。サイコロステーキも、ステーキのイメージがあるせいで高級そうに感じられる。店のオススメニューも狙い目。安くて量が多い。

盛りつけも大事。ボリューム感を出して、費用の割には豪華に見せる演出を行いたい。サイコロステーキを例に取ると、あらかじめ店員に指示しておき、数人前をひとつの皿に盛ってもらう。こうすれば、実際より豪勢に見えるだけでなく、取り分けられるというメリットができる。

合コンを数こなすとなると、出費もかさむ。できるなら、一回一回の合コンの費用は抑えたい。場合によっては、タクシー代をもたなければならないケースも出てくるので、懐には余裕を残し

**ドリンクと料理、組み合わせの研究が大事。酒が進めば雰囲気も盛り上げやすい。**

ておかなければならないし。かといって、あまりケチ臭い料理だと、女の子は嫌がる。だから、盛りつけや頼むメニューによってうまくごまかすことも考えておかなければならないってわけだ。

お酒と居酒屋のどのメニューを組み合わせれば、酒がより進みやすいか。これは、非常に重要なポイントだ。そのためにも、コンパ会場として使う居酒屋はあまり手を広げず、熟知しておく必要があるというわけだが、普段飲みに行った時も、常にどの料理とセットにすれば、お酒が飲みたくなるか、研究しておくべきだろう。

## 一次会では個人プレーは一切禁止

一次会では、絶対遵守しなければならない原則がある。それは、スタンドプレーは一〇〇%慎む。僕らのシステムの柱は、「チームプレーで総体として大きな力を発揮する」だ。とくに一次会では、全員の連携プレーがいかにうまく噛み合っているかが、勝敗の行方を決める。ここでスタンドプレーをやるようなやつは、懲戒免職もの。チームのメンバーからは永久追放だ。

一次会では、ひたすら自分の与えられたポジションに専念し、余計なことは一切しないのが鉄則。一体感を何よりも重視しよう。

普通の人々の合コンがうまくいかないのも、欲望が先立ち、いきなり個人プレーにみんなが走ってしまうからだ。個々の能力が高ければ、それでもうまくいくのだろうが、それなら合コンを

## 合コンに向く居酒屋メニュー、向かないメニュー

| ✕ | ○ |
|---|---|
| **取り分けられない料理**<br>× 焼き魚<br>× 酢の物 | **取り分けられる料理**<br>↓<br>（仕事が発生して共感高まる）<br>○ 焼そば<br>○ 具だくさんのサラダ |
| **淡白な味つけの料理**<br>× 冷や奴<br>× 刺し身 | **辛め、濃い味の料理**<br>↓<br>（喉が渇いてお酒が進む）<br>○ 豚キムチ炒め<br>○ チョリソーソーセージ |
| **高いのに見栄えが悪い料理**<br>× あん肝<br>× エイひれ | **高そうに見える料理**<br>↓<br>（つねに研究しておく）<br>○ サイコロステーキ<br>○ 店のおすすめメニュー |

やる意味がない。勝手にめいめいが、女の子を街で口説けば済むだけのことだ。合コンという形式をとっているのは、個々の能力が低いから。この原点を忘れてはならない。

たとえば、すごくかわいい子がいて、誰かとセパレートで盛り上がったとしよう。お互いに携帯の番号を交換した。これは、普通の合コンでよくあるシーンだ。しかし、これをやってしまうと、チーム全体としては、奈落の底へ真っ逆さま。電話番号を聞いてしまえば、後で連絡できるので、彼女はサッサと帰ってしまう。うまくいったメンバーと彼女には成功でも、残された男性陣はシラけ、女の子たちもちっとも楽しんでいないのなら、合コンとしては大失敗だ。

一次会は自分の欲望を律し、チーム全体が一体化することだけを考える。女の子と個人的に話すのは厳禁だ。あくまでも集団活動でいく。これはメンバー全員に徹底させておかなければならない重要事項。「個人プレーは二次会以降から解禁」と覚えておこう。

この大原則がきちんと守れているかどうかは、日直がチェックする。もし、違反者がいる場合、【日直】はすかさず「基本、基本！」と注意しなければならない。

## 携帯電話対策を忘れずに

合コンで絶対忘れてはならない対策のひとつに、「携帯電話対策」がある。理由は既に述べた通りだが、僕らは携帯を女の子たちから遠ざけるために、あらゆる手を使った。

たとえば、会場に着くと、「さあ、みんなバッグこっちね」と女の子を荷物をさっと【フォロー係】が預かる。女の子から見れば、気がよく回る人たちと見えるかもしれないけれど、思惑は別のところにある。携帯の入っているバッグを、なるべく彼女たちから離して置こうという目的なのだ。それでも携帯の着信音が聞こえる場合もあるから、冬などは、バッグにコートをかけて、用心の上にも用心を重ねた。

バッグを放さず、イスの下に置いている子がいると、足でそっと遠くへやったり、自分のコートをかけて、音を聞こえにくくしたり。とにかくやれることは全部やった。

男の人数がひとり多いほうが望ましいといったのも、携帯電話対策になるからだ。

ひとりで放っとかれると、女の子はすぐ携帯に手を伸ばす。会話している最中に携帯が鳴っても、お喋りが楽しければ無視しようとする。しかし、相手の男が席を離れると、さっきの電話が誰からだったのか気になり始めて、着信履歴を確かめようとする。これが彼氏だったり、ボーイフレンドだったりすると、もうヤバイ。電話なんかかけられて、その結果、呼び出しでもくらった日にはバイバイとなりかねない。でなくても、合コンから気持ちが離れかねない携帯阻止は、合コンの鉄則だ。

だから、ガッチリとマンツーマンディフェンスを固め、携帯には一切手を触れさせないようにしなければならない。この鉄則からいっても、男がひとり多いほうが、応用が利きやすいってわけ。

**携帯電話は合コンの大敵。着信が彼氏だったらもうダメ、対策はぬかりなく。**

## こうすれば進行はスムーズにいく

合コンの口火を切るのは、【日直】の役割。セリフはこうだ。

「今日は合コンを開いてもらって、ありがとうございます」と挨拶する。この時、男のメンバーはみんな【日直】を注視するように。間違っても、勝手に隣りの女の子と話し始めたりしてはいけない。そして【日直】は、「今日は合コンの基本にのっとって楽しくやりましょう」と付け加える。「合コンの基本」は、実は僕らが、誰かが自分の役割を怠っていた時に、注意を促すセリフだ。

たとえば、飲み物が不足しているのに【メンテ係】が気づいていないとする。この時も、司令塔である【日直】が「基本、基本！」と指示する。この言葉で男のメンバーは、みんなスに戻り、自分はきちんと仕事ができているか振り返るので、進行がスムーズにいく。合コンを始めるにあたっても、ちゃんと仕事をしてね、という確認の意味で「基本にのっとって」といっておくわけ。

女の子は当然、そんな意味などわからない。「合コンの基本って何？」と質問してくる子がいるだろう。その時は、「盛り上がることだよ」と答えておけばいい。

【日直】が開会の挨拶をしたら、次は【ネタ振り係】の出番だ。この時の【ネタ振り係】のセリフも決まっている。

「今日はこんな不細工なメンバーでごめんね。ところで、みんな何つながりなの？　ルーツはどこにあるの？」と女の子にネタを振る。

この【日直】と【ネタ振り係】のセリフはいわばワンセットで、この流れで彼女たちにしゃべらせるきっかけを与えるのが目的だ。ここからは、しばらく【ネタ振り係】が主役で進行する。話がとぎれないように、「どっから来たの？　名前は？　ひとりずついこう」とか「今週に入って何回目の合コンなの？　よくやるの？」などとどんどん自己紹介させていく。

この時、場を盛り上げるのに使いたいのは、相手の幹事。ひとりずつ紹介させて、彼女の番が来たら、【ネタ振り係】は「キミはいいや！」で飛ばす。女の子たちはドッと来るはず。笑いのネタにされた幹事の子にしても、自分がかまってもらえていると感じるので、それほど嫌な気はしない。これを毎回やれば、場はなごむ。ただし、あまりやり過ぎたり、幹事の性格によっては機嫌を損ねてしまうこともあるので注意。初心者のうちは、このテクニックは使わないほうがいいかもしれない。

### 女の子たちにまんべんなくしゃべらせるのがコツ

ひと通り自己紹介が終わったら、ここで【日直】が割って入って、女の子たちの「彼氏の有無」を確認する。

## さあ一次会スタート、基本のセリフから進行してまずは女の子全員にしゃべらせる。

「話している最中、ごめん、ごめん。この中で彼氏いる人、手をあげて！」が常套句《じょうとうく》。この言葉に促されて女の子が手をあげたら、今度は【フォロー係】がチャヤチャを入れる。手をあげなかった子に「キミ、ウソついているだろう」。これで笑い声があがる。ひとつひとつはたいしたことないが、女の子に空白を作らないために小さな攻撃を重ねることが大事なのだ。

今度は、これを受けて【ネタ振り係】の出番。「彼氏・彼女ネタ」をどんどん振っていく。それが終われば、今度は「元彼ネタ」で。なぜ、「彼氏・元彼ネタ」で攻めるのかといえば、もっともリアルな体験なので、誰でも話しやすいからだ。女の子におしゃべりをなるべくさせることによって、彼女たちのテンションを上げていくのだ。

もうひとつの理由は、それぞれの子の恋愛のプロセスとポイントがわかるということ。どんな男を好きになるのか、タイプは、といった基本データが得られるので、その後攻めやすくなる。「彼氏・元彼ネタ」がつきたら、次は「ファッションネタ」。【ネタ振り係】が「その服、どこで買ったの？」「そのヘアスタイル、どこでカットするの？」といったパーソナル情報をしゃべらせる。これまた、自分のことなので、みんなスラスラしゃべる。

次は「芸能ネタ」が無難。今、話題になっている芸能界のことや、人気のドラマに関する話題を振っていく。これを担当するのは、もちろん【ネタ振り係】だ。したがって【ネタ振り係】は、普段から「ファッションネタ」や「芸能ネタ」「ドラマネタ」に通じておく必要がある。テレビ情報誌や女の子のファッション雑誌は必読書。ネタ仕込みは【ネタ振り係】の義務だ。

もっとも、「彼氏ネタ」にしろ「ファッションネタ」にしろ、ひとりひとり順番に「キミはどう？」「キミは？」などと尋ねていくのはやめたい。尋問調になってしまってはよくない。うまく転がしていくのが、会話を盛り上げるコツだ。

たとえば、A子が「最近、彼にフラれた」と告白したとしよう。すると【ネタ振り係】は、B子に「キミもやっぱりフラれたんじゃないの？」と振る。B子がこれに「残念でした。私はラブラブ。この間も釣りに連れて行ってもらった」と答えた。これを聞いた【ネタ振り係】は、「へえ、釣り。C子ちゃんは趣味、あるの？」といった具合に、次々とまんべんなく女の子にしゃべらせていくのだ。女の子全員をかまうことがポイントってわけ。

普通の合コンがうまくいかないのも、円滑な会話の運びができていないからだ。「どっから来たの？」「名前は？」で会話が途切れる。これじゃあ盛り上がるはずがない。

## 台本をつくってリハーサルをしておけば、おたつかない

もうおわかりのように、一次会は【ネタ振り係】を中心に進行していく。他のメンバーは、あらかじめ決められた通りの言葉で対応していくだけ。このネタの順番、セリフは事前に【ネタ振り係】が決めておいて、みんなと打ち合わせしておく。

**彼氏・彼女ネタ、元彼ネタでアプローチ。芸能ネタでつないで攻略の糸口をつかめ。**

この時、シナリオを書いてリハーサルするぐらいの気持ちが欲しい。ポジション別のセリフを流れにそって記入した台本をつくり、舞台や映画のリハーサルの台本合わせのようにみんなで練習しておくのだ。

もちろん、最初から完璧な台本などはできないだろう。しかし、まずかった部分を一回ごとに修正していけば、やがて精度の高い台本ができるはずだ。同じメンバーで何度も合コンを開けば、セリフも覚える。誰がどんなポジションになっても、言うべきセリフが、言うべき時にスラスラと口をついて出るようになるはず。

このように、やるべきことの「手順」「セリフ」をすべて決めておき、毎回同じ流れを作るのが、合コンをうまくやるコツだ。バカのひとつ覚えでけっこう。ワンパターン十分。女の子が盛り上がってくれる台本集ができあがったら、それ一本ヤリでいこう。

前述したように、僕らの合コンは一種の「舞台公演」だ。監督を務めるのは【日直】。一次会の主演は【ネタ振り係】で、助演は【メンテ係】と【フォロー係】。【雑用係】が裏方さんといえば、わかりやすいだろう。

メンバー全員で「ひとつの芸術作品」をつくりあげるのだと考えれば、連携プレーもまた違った味が出てくる。

## 現在の時刻を連想させる話題はタブー

合コンでは、絶対やっちゃいけない話題がいくつかある。

「地雷会話」その一は、彼氏のことを根ほり葉ほり聞く。【ネタ振り係】と【日直】が示し合わせて、全体のネタにするのはかまわない。しかし、個人が突っ込みまくるのは御法度。第一、彼氏がいようがいまいが関係ない。彼女が今、合コンに来ているのがすべて。向こうから「彼女は？」なんて尋ねられても、まともに答えるな。彼氏、彼女の話題は最初のネタだけにとどめて、その後はタブーだ。

「地雷会話」その二。「スケジュール」は聞いてはならない。明日の予定、終電の時刻、「家までどれくらいかかるの？」など、時間を思い出させる話題を振っただけで、それこそ帰り時刻が気になり始める。できるなら腕時計もこちらにいただいて時間を忘れさせるのが戦略なのに、これをやってしまえば、何のための合コンやら。

うかつなやつがひとり混じっていて口を滑らせたがために、全員が討ち死になることはよくある。地雷を踏まないよう、事前のミーティングでしっかり確認しておこう。

仕事の話も基本的には好ましくはないが、はさみ方によっては効果的だ。たとえば、おちゃら

**イマ彼、時間、スケジュールを連想する話題はNG。地雷会話は徹底的に排除しろ。**

けている時にあえて、突如、「そういえば明日の打ち合わせ、どこでだっけ?」などとメンバーに水を向ける。「第二会議室、重要な打ち合わせだから、絶対、遅れるなよ!」と相手も話を合わせる。「俺は企画書つくっておくから、お前は進行考えておいてくれよ」なんて、瞬間的に仕事の話をはさむのだ。ついさっきまであんなにいい加減だった男たちが、まじめに仕事の話をしている。落差があるので、彼女たちから見れば、余計インテリっぽく見える。

学生だって、この手は使えないことはない。実は、僕。学生の頃に合コンをやっていた時も、ベンチャー企業の社長設定だった。「西麻布のクラブで明日、打ち合わせだからスケジュールに入れといて!」なんてやると、女の子たちの表情が「エッ!」っていきなり変わった。

かといって、あんまり長く仕事の話をしたりすると、嫌みになる。仕事話は「瞬間芸」でいくのがコツだ。

## 席替えは「こまめに自然」が重要ポイント

かなり盛り上がってきた。そろそろ「席替えタイム」とあいなるわけだが、原則として大幅な入れ替えは行わない。大移動をさせることによって、せっかくの流れが中断されるからだ。空気が壊れるような席替えは望ましくない。微調整程度にとどめて、自然に行うのがセオリーだ。一般人はこれがわかっていない。突如、「ハイ、全員席替え!」なんてやっている。しかも、半分嫉妬心で、席を替わりたいからという気持ちでやっている。こんなことをしていたら、ムードはどんどんぶち壊されていくだけ。お互いの不信感も募っていくばかりだ。

［席替え］のタイミングの判断と指示は、【日直】の担当だ。タイミングのヒントは、女の子の姿勢。酔っぱらってくると、左右どちらかに体が傾く子と、「あ〜あ、疲れた〜」というふうに後ろに体を反らす子がいる。左右に傾く子は、傾いた側の男性に興味がある証拠で、この場合は［席替え］は必要ない。問題は、後ろにもたれ気味になっている子。こんな姿勢をとる子は、あまり隣の男に気が入っていない可能性が高いので、男が交代しよう。

頻繁に席を立つ子も、「つまらないな〜」と感じている可能性大。もし、興味がある男性がいたら、他の女の子に取られないよう、テーブルを離れないのが女の子の心理だからだ。こんな子も［席替え対象］だ。

僕らが［席替え］と［カップルリング］のヒントとして取り入れているのが、「好きな人大会」だ。明らかに女の子のひとりがこちらのメンバーの誰かを狙っていたとしよう。ここで【日直】の出番。「誰狙いなの?」と切り込む。「えっ?」って女の子がいう。そこで【ネタ振り係】が「じゃあ、好きな人大会やろう。ファーストインプレッションでいいと思った人を言い合おうよ」と提案する。ここで男のメンバーは全員、盛り上げ役に回る。「オレちょっと、鏡見てくるわ」とか、ジャケットのボタンを合わせるとか、髪をクシでなでるとか。これで女の子はワッーとなる

**席替えは自然に、そしてこまめに。「好きな人大会」を取り入ればカンタン。**

はず。「好きな人大会」が始まっても、「私は…」と女の子がいいかけた時に、「オレかぁ！」と全員が合いの手を入れたり、ともかくグチャグチャな状態で冗談めかしてやれば、どんどん場の空気は盛り上がっていく。

女の子の中には、本心を隠す子もいる。本当はどうでもいいと思っている男の名をあげて本命はいわない子だ。だから、好きな人大会は何度もやろう。そのうちに、みんなの本音が出てくる。一次会では三〇分おきぐらいに三回ぐらいやり、二次会でも二回はやったほうがいい。［席替え］も好きな人大会をきっかけにやれば、場の雰囲気も損なわれないだろう。

ただし前述した通り、【日直】⇩「女幹事」⇩【ネタ振り係】の並びは絶対に崩してはいけない。最後の最後まで、ずっとこの三人はワンセット。「女幹事」はいつでも【日直】と【ネタ振り係】でサンドイッチだ。

［席替え］は自然に行うことも重要。「ハイ、キミこっち！」なんて女の子を露骨に動かすのはまずい。そこで活用したいのが、女の子のトイレタイム。［席替え対象］の女の子がトイレに立った時に、【日直】がサッと彼女の料理と飲み物をメンバーの誰かの座っている席に移す。移された男は、何もいわずに彼女の席に移動する。これならとても自然。［席替え］がスムーズにできる。

## 女の子のトイレタイムをうまく活用する

合コンのうまいグループを観察していると、［席替え］にだけでなく、トイレタイムをうまく利用している。女の子がトイレに立った。この瞬間、何も行動を起こさないような集団では、必ず合コンは失敗に終わる。女の子がひとりになるトイレタイムほど、危ないものはないからだ。

トイレだからといって、マンツーマンディフェンスを崩すのは、サッカーでいえば、相手の「タイム！」という言葉に惑わされて、防御を解くのと一緒。一瞬の隙が命取りになる。たとえば携帯電話。居酒屋の女子トイレはいつも混んでいて、すぐには入れない場合がほとんどなので、彼女はトイレの前で待つことになる。その間、彼女が携帯に手を伸ばし、どこかに連絡し始めることがよくある。

女の子がトイレに立った時は、必ずチームの誰かがついていってフォローすること。原則は、トイレに立った女の子の横にいた男が、女の子がトイレの近くにいった頃を見計らって、スーッと後を追う。ただし、【日直】と【ネタ振り係】は例外。【日直】がいなくなると、女の子がプライベートな会話を始める恐れがあるので、【日直】や【ネタ振り係】は基本的に席を立たないようにしなければならない。その場合は【メンテ係】もしくは【雑用係】が行く。あらかじめ順番を決めておくといいだろう。

そして、トイレの前に立っている彼女を見つけたら、「どう？　女の子たちの状況は？」って声をかけ、しばらくおしゃべりをする。こうすることによって、携帯電話封じになるだけでなく、

**トイレ行きの子は必ずフォロー。情報収集、携帯対策、無視の子撲滅と一石三鳥。**

「A子は、B君に好意を持っているみたい」などという情報が得られる。これを元に席替えをコントロールすれば、なおいっそう場は盛り上がる。

このトイレ前でのおしゃべりは、情報収集以上の価値を持つ。一次会で最も重要なのは、女の子誰ひとりとして無視される子を出さないことである。男が常にかまってやる。これに最大の比重を置いて攻めるのが鉄則だ。トイレの近くで声をかけられると、女の子は「この人、私のことを気にしてくれてるんだ!」と感じる。この効果が非常に大きい。

トイレを使ったこんな高等戦術もある。だんだん場慣れしてくると、どの子が誰に好感を持っているか、あらかた見当がつくようになる。たとえば、A子がB男を気に入っているらしい。そんなケースでは、A子がトイレに立った時に、B男にフォローをさせる。B男がトイレの中に一緒に入って、キスなんてしちゃえば、もうA子はこちらのスタッフのひとりになったも同然。味方がひとり増えるというわけだ。

## 「生涯一度の恋」だったら協力してやるしかない

さあ、合コンも宴たけなわ。男性陣のひとりが「今日、カレー喰いてぇなあ」と言い始めた。前述したように「カレー喰いたい」は、何が何でも彼女にしたい女の子がいるというサイン。こんな時はどう対応すればいいのか。

前にいった通り、これは例外措置。「しょうがねえなあ、何杯喰ってんだ」と思いつつも、みんなでバックアップする。早く彼女とうまくいかせないと、そいつは何度でも「カレー喰いたい」と言いかねないからだ。

彼女とそいつをセパレートにするために他のメンバーが「電話行くからついてきて」などと、他の子たちをなるべく席から離す作戦をまずとる。そして、トークのできるやつが、彼女の横でフォローに回る。「カレー喰いたい男」をほめあげるのだ。といっても、あからさまに、「あいついいやつで、凄いんだよ」なんていうと、「友達思いなんだ」なんて彼女が感じて、かえってほめているやつのほうが彼女に惚れられかねないので、「こいつさあ、人に気ばかりつかってさあ、バカみたい。こいつの良さなんか全然わかんないよ」などと、一見けなしているかのようにほめてやるのがコツだ。

と同時に、お酒の力もどんどん借りる。女の子全員を一次会でともかくベロベロにして、二次会になだれ込む。ここまでいったところで、「ゲーム」と「コール」でふたりをセパレートにしてくっつけてしまえば、たいがいうまくいく。

時には、複数の男が同時に「カレー喰いたい」と言い始める。ルックスレベルがメチャ高い子がいたりすると、このケースが出てくる。本来、僕らのシステムでは、事前ミーティングで、ルックスレベル・ナンバー1の女の子と「なかよくする順番」も決めている。今夜はこいつが一番

**セパレート成功のためには隔離作戦。ホメるだけでなく適度にケナシを混ぜて。**

先で、次はお前という具合に。しかし、あまりにもイイ女だと、その順番にさえジェラシーを感じてしまうのだから、男って困った生き物だ。それがために自分の仕事にみんな専念できなくなって、合コンが不首尾に終わってしまうことが少なくない。

ましてや、複数の男が同じ女の子を対象として「カレー喰いたい」となると、これはもうピンチだ。その場の話し合いで調整して、ひとりに絞り、お膳立てをしてやることになるのだが、引かされた男が納得いかず、やはりうまくいかない場合が多い。実際、トラブルが尾を引き、二、三カ月、「休場」してしまったメンバーもいた。

だから、「カレー喰いたい」はよほどのことじゃない限り、言ってはならないというルールを決めておかなければチームの和が崩れる。もちろん、一度「カレーを喰ってしまった」メンバーは、その後はしばらくポジション的に他のメンバーのフォロー役に回す。それで文句をいうようなやつは、チームのメンバーから外すしかない。

## 一次会では二次会への布石を打っておけ

一次会が終わったら二次会だ。二次会以降、遅くまで女の子たちをつき合わせるためには、一次会で布石を打っておかなければならない。

たとえば、最終的にホームパーティに持ち込み、ヤリコンにしてしまいたいのなら、家提供係を指して、「こいつの家すごいんだよ」と何度も振っておく。「どこがすごいの？」と女の子が聞いてきても、「ともかくすごいんだ」と受け流そう。ただ、すごい、すごいと言い続けるのがコツ。こうしておけば、女の子たちは家提供係の家に興味を持つようになり、ホームパーティに誘いやすくなるという仕掛けだ。

マジコンでも、似たような手がある。二次会に女の子を全員連れて行こうと思えば、やはり次の会場に興味を持たせることが大切。たとえば、「こんなところでごめんね。実は、料理がものすごくおいしい店があるんだけど、そこは一〇時じゃないと空かないんだ」といっておく。これだけで、女の子の「二次会に行ってみよう」という気持ちが高まる。

それでも、一次会で帰ろうとする女の子が出たらどうするか。もちろん、引き留める。引き留め役は【日直】。引き留めパターンにはふたつがある。

ひとつは「懇願パターン」。「これだけみんなが楽しんで、あの子もあの子も行くっていってるのに、キミが来なかったら、場が冷めちゃうと思うんだ。だから、今日だけはお願い」。彼女が躊《ちゅう》躇《ちょ》していたなら、次のセリフでダメ押しだ。「他の女の子との和も乱れちゃうとキミもつらいだろう。幹事の子もかわいそうだよ。だから、みんなで行こうよ、ねっ！」。みんなに悪いんじゃないかと、匂わすのがコツ。少々脅しっぽい言葉になってしまうかもしれないけれど、かなりきつく言ってもかまわない。なぜなら、流れに逆らって帰ろうとする女の子は、ガンコ者が多いからだ。

二次会への布石会話を忘れるな！　引き留めは懇願パターンと恋愛予感パターンで。

マイルドな言葉では、また説得が来たかと意にも介さない子がほとんどなので、強く言ってちょうどだ。

もうひとつは「恋愛予感パターン」。時間はあるんだけど、いまひとつ盛り上がりに欠けるので帰りたいと思っている子には効果がある。セリフはこう。

「もしかすると、この中の誰かとキミが恋人になるかもしれないし、結婚までいくかもしれないんだよ。幸せになれるチャンスかもしれないのに」

この後でみんなで波状攻撃を仕掛ける。すると、「残ったほうがいいんじゃないか」って気持ちがグラつき始めるって寸法だ。

それでもダメな子はダメ。押すだけムダな子ももちろんいる。次の日会社があったり、朝早くから絶対出なきゃいけない授業なんかがあって。じゃあ、本当に「帰らなきゃいけない」って思っている子と、「つまんないから」帰りたがっていたり、「彼氏や家がうるさいから」帰ろうとしているだけの子をどう見分けるか。

こいつには、とっておきの方法がある。あらかじめ、さりげなく「とりあえずワーッと飲んで、夜中の三時頃、デニーズで休憩するとして…」と女の子たちに振って、反応を見るのだ。普通、夜中の三時にファミレスで休憩といえば、二つの反応に分かれる。

「えっ、私たち、今日は終電までには帰るわよ」などと時間に反応する組と「えっ、デニーズなの」と場所にこだわる組。もちろん、時刻に反応した子たちは、「真性帰んなきゃ」で、場所に抵抗を示した子たちは「仮性帰んなきゃ」ってわけ。

## 二次会会場の選び方にも戦略がある

二次会会場はどうするか。カラオケハウスは、まだ早い。女の子たちがまだ十分、酔いが回っていない、この時点でカラオケに行ってしまうと、彼女たちがスに戻ってしまう危険性があるからだ。

たとえば、歌のうまいやつがいたとしよう。聞き惚れてムードが高まるような気がするだろうが、ことによっては、その歌にまつわる思い出なんかを女の子が話し始めたりする。「ああ、この曲、あの時、海に行った時に流れたよね」なんて言い出したら終わり。彼女たちの間で、プライベートな話が盛り上がって、合コンから気持ちが離れていく。

次も居酒屋で行くのが原則だ。急《せ》いては事をし損じる。あらかじめ予定していた居酒屋に連れて行こう。ここでは、食べ物はほとんど頼まない。ひたすら「飲み」に徹する。一次会で上昇気流に乗っているところへ、さらにアルコールを注ぎ、完全に酔わせるのが二次会の最大の狙いというわけ。

二〇回以上合コンをこなし、メンバーが手慣れてきたチームなら、二次会をホームパーティに

**二次会、カラオケ直行は危険。飲みに徹して居酒屋が威力発揮、もっと酔わせて。**

してしまうのもひとつの選択肢だが、最初は居酒屋が無難だろう。

ただし、一次会よりは密室度の高いところを選ぶ。二次会では女の子を盛り上げ、お酒を飲ませる手段として「ゲーム」中心で展開していくからだ。理想は「個室」のある居酒屋。奥まった座敷があればなおのことといい。

あまり静かな飲み屋も二次会会場には適していない。場合によっては、「うるさい！」と怒鳴られかねない。

## ケチケチせずに移動はタクシーを使う

二次会に予定している場所が遠い場合は極力、タクシーを使うのがセオリー。電車に乗らなければならないほど遠ければもちろんのこと、歩いて五分以上かかる距離の場合は、タクシーを利用しよう。

タクシーなら人目がないし、女の子のケアもしやすい。タクシーに乗るのは、「セパレート」で行くのが鉄則。男女ふたり一組、もしくは女の子ふたりと男ふたりで一台のタクシーに乗る。女の子だけで乗せてしまうと、途中で気が変わったり、目的地を間違えて会えなかったりする恐れがある。それでなくとも落ち合うのに手間取れば、女の子たちの気持ちが冷めてくる。雨が降っているのなら、なおさらタクシーだ。近距離でも、彼女たちの気分をそがないようにタクシーで移動しよう。

といっても、一次会の会場を出てからタクシーを捕まえているようじゃ失格。タクシーは【雑用係】があらかじめ手配をしておく。お店の人にタクシー会社の電話番号を聞いて、一次会終了時刻にスタンバイしておいてもらうのだ。

タクシー代は男がもつ。ここで割りカンなんてケチ臭いことを言っていたら、女の子はついてこない。二次会以降、女の子が気にし始めるのは「時間よりもお金」だ。ここは気前よくがポイント。

## 雑用係は先乗り、あとはマンツーマンディフェンスで

歩いて一、二分のところに二次会会場がある場合は、徒歩での移動となる。この時、必ず守らなければならないセオリーとして頭の中に叩き込んでおいてほしいのは「マンツーマンディフェンス」。男のメンバーは女の子のひとりひとりに必ずついて、彼女たちを群れにしようないようしなければならない。女の子同士、かたまっておしゃべりしながら歩かせたりすると、「ホントは私、もう帰りたいんだ」などという会話をしかねない。お互いを分断しておくに越したことはない。

なるべくならコンビニなど明るいところも避ける。これもセオリーのひとつだ。明るい場所に

**移動はセパレートでタクシー利用。マンツーマン・キープは言うまでもも無しだ!**

行くと女の子は我に返るからだ。言い換えれば、一次会会場から二次会会場までの道筋はなるべく「暗いほうがいい」ってわけ。二次会会場を選ぶ時は、この点も配慮すること。

また、二次会会場に予定している居酒屋が、満員で入れないケースも考えておかなければならない。着いても、「しばらくお待ちください」では、テンションがいきなり低下する。

そうならないよう、【雑用係】が先乗りするのがセオリーだ。【雑用係】は走って二次会会場に行き、混んでいるようなら、次候補の居酒屋に移り、携帯で【日直】に知らせる。空いていた時も、なるべく良い席を確保して、一行の到着を待つ。

流れを壊さないよう下働きに徹する。これが【雑用係】の最大の任務なのだ。

二次会がホームパーティになった場合、学生だとタクシー代を出すのはちょっとつらいので、電車で移動しなければならないケースも出てくる。そんな時に考えておいてほしいのは「乗車券対策」だ。自動券売機の前でモタモタするのは厳禁。切符は事前に、【雑用係】がまとめ買いしておく。ただし、乗車券は買ってから一時間三〇分以上経過すると無効になってしまう。そこで僕らがとっていたのが「回数券対応」。【雑用係】は、合コン前に人数分の回数券をキープしておかなければならない。

【雑用係】への指示も含めて、移動を担当するのは【メンテ係】。もし、女の子同士で歩いているという状況が生まれたら、【メンテ係】はすかさず「基本をちゃんとやろう！」と注意を促さなければならない。タクシーや電車に手際よく乗せるのも【メンテ係】の役割だ。

## 「終電対策」は重点攻撃で成功させよう

ホームパーティであろうと居酒屋コンであろうと、二次会以降は「終電対策」が最大のテーマになる。とくに居酒屋コンでは、彼女たちを終電が過ぎるまで足止めすることに全精力を注がなければならない。

これをうまくやるには、事前の下調べが重要だ。担当するのは【雑用係】。合コンの会場が決まった時点で、【雑用係】は必ずその駅の終電の時刻を調べておく。上り下りの最終はもちろん、その電車がどこまで行くかぐらいはメモっておこう。下調べした終電時間は、事前ミーティングで全員に知らせ、ひとりひとりが頭に入れておく。終電時間を把握しておけば、自己紹介で彼女たちの住まいがわかった時点で、どの子が一番先に終電を迎えるのか見当がつく。

たとえば、千葉県の船橋に住んでいた子が一番早く終電の時刻を迎えるとしよう。それが一一時三〇分だったとしたら、一一時頃から「ゲーム」を切れ目なく行う（「ゲーム」と「コール」については次の章でものすごく詳しく解説してある）。「ゲーム」を始めれば抜けにくい。しかも、集中的に彼女を攻めて、ガンガン飲ませる。こうやって終電をやり過ごさせれば、次のターゲットは、二番目に早く終電後を迎える女の子。終電の早い順に、終電の時間を見計らいながら、全

**いざ最大のテーマ、終電対策。時刻、閉店時間を考慮して20分前には行動を。**

精力を集中して酔わせていくというわけだ。

何度も合コンをやっていくと、やがて女の子の住んでいる駅の名を聞いただけで、何時頃が終電かわかるようになる。ここまでいけば、連携プレーもよりスムーズに進む。

合コンの「区切り」や店の「閉店時間」も頭に入れておく必要がある。たとえば、一二時〇五分に終電の子がいた。ちょうど一二時に今いる居酒屋が閉店だったり、予約の時間が切れるのなら、早めに別の会場に移動しなければならない。少なくとも二〇分前には違う会場に行く。新しい会場でいったん座ってしまえば、すぐには帰るとは言いづらいものだ。

もし、それでも冷静さを失わず、帰ると言い始めた子がいたら、【日直】が引き留め係をする。その際のセリフは、「お母さんとか彼氏に怒られるのは一瞬。でも、この楽しさは、少なくともあと何時間かは続くんだよ。こっちを選んでもらえないかな？」。ここまでしてもダメなら、その子はもうあきらめるしかない。

## 「相思相愛のふたり」は切り離してしまおう

メンバーのひとりと、女の子が意気投合。はためにもヒートアップして、熱々のカップルになっている。相思相愛の二人ができた場合は、どうするか。これはもう、ふたりきりになってもらうしかない。ふたりの世界に入り込んでしまえば、チームプレーどころではなくなる。かえって、彼らがいることによってチームの和が乱れる恐れがある。だから、どっかにサッサと消えてもらったほうがいい。

消えさせるタイミングは「移動」の時。【日直】が熱々の男のメンバーに指示して、わざとはぐれてもらう。この時のやり方も事前にメンバーには伝えておこう。

はぐれる時は、一緒に行きたい男が、一次会や二次会のトイレタイムに、彼女にあらかじめこう指示しておく。「一次会（二次会）が終わったら、ふたりだけで飲もう。〇〇〇に先に行っててくれ。オレすぐに後から行くから」。こういっておくと、移動の時に彼女は消えてしまうので、男が今気づいたというふうを装って、「あれ、××ちゃんがいない。おれちょっと探しに行ってくる」。これでそのまいなくなるって寸法だ。

しかし、ただ消えただけでは、残された女の子はいなくなった子のことを心配するので、一緒に消えた男のメンバーは、彼女に幹事の携帯に必ず連絡するよう指示する。連絡させるタイミングは、はぐれてから一時間後。セリフは「みんなを見失っちゃったので、帰ってきちゃった」でいいだろう。女の子のメンバーたちはうすうす、ふたりで別行動をとったことはわかっていても、この段階では場が盛り上がっているので、あまり気にしない。

言い換えれば、いくらうまくいっている女の子がいても、メンバーに黙って消えるのは、絶対に御法度。メンバーのコンセンサスを得なければ消えてはいけない。

**ラブラブ誕生の場合は、即切り離し敢行。チームプレーの邪魔者には消えてもらう。**

また、【日直】は、いくら盛り上がった彼女がいても、消えてしまうのはタブー。【日直】がいなくなれば、合コンはその時点でジ・エンドになってしまうからだ。これは最低限守るべきルールだ。

## 三次会以降は密室性の強いカラオケハウスで

三次会までいけば、終電はすでに終わっている。こうなれば、「H系ゲーム」もビシバシやってもかまわない。

会場はカラオケハウス、メンバーの家など、密室性の強いところを選ぼう。最近、レンタルルームと称して、実態はラブホテルまがいのところも増えている。部屋にはカラオケセットとベッドが置いてあるけど、風呂はない。シャワーはついているけど、水は出ない、といったちょっと妙なつくり。どうやらひと頃流行ったプチホテルやおしゃれなラブホテルが、不況の風をまともに受けて客入りが悪くなったので、レンタルルームとして衣替えしたため、このようなつくりになっているらしい。こうしたレンタルルームも使えるだろう。

まあ、オーソドックスなのはカラオケハウス。

カラオケ屋のルームに入ったら、次のことを守る。まず、「照明」と「温度」の調整。照明はできるだけ暗く。ディスプレイの光だけで、ムードを演出しよう。逆に、室温はガンガンに上げる。

女の子たちが「暑くない?」っていったって、男性陣みんなで「寒い、寒い」を連発して封じてしまおう。エアコンのせいにするという手も。「あれ? このエアコン、壊れてる」でチョン。

とりあえず女の子に一、二曲歌わせるが、カラオケを楽しむのが三次会の目的ではない。あくまでも、「H系ゲーム」になだれ込むのが目的だ。女の子の歌いたい曲を入れる時に、ムードのいい曲をあと五曲ぐらい入れておく。もちろん、これも歌うためじゃない。それをBGMにして、「ゲーム」を始めるのだ。

あとは「ゲーム」と「コール」の出来にかかっている。セオリー通りに運べば、女の子たちとキスができたり、その先だってうまくいくものだ。

## 反省会が次の成功を約束する

合コンの成否に関わらず、「反省会」は必ず開く。できれば、合コンが終わった直後、もしメンバーの誰かがカップルとなって消えてしまった場合は、メンバー全員が集まれるなるべく早い時期に、【日直】を中心に反省会を開こう。

反省会の要点は、ふたつだ。まず真っ先に振り返るべきは、合コンの「内容」。単純にいえば、良い合コンだったか、悪い合コンだったか。良い合コンとは、みんなが協力してできたかどうか

**カラオケ店は密室性を活用したい三次会以降に。照明、温度管理でムーディな演出を。**

につきる。また、「枝」が発生して、次の合コンにつながったケースも良い合コン。「枝」になる女の子がたくさんいればいるほど得点は高くなる。逆に、たとえメンバーの何人かがおいしい思いをしたとしても、みんなが私利私欲に走った合コンは、悪い合コンだ。この基準は常に頭に入れておきたい。各ポジションの仕事をみんなセオリー通りにこなせていたか。これも重要な反省項目だ。ひとりひとりの動きに関して、【日直】が感想を述べ、お互いが気づいた点を述べる。

この時、ただ漫然と聞いていたのではダメ。きちんとメモ帳に書き込み、「明日の糧《かて》」にする姿勢が必要だ。だから、「合コン用メモ帳」をメンバー全員が事前に用意しておかなければならない。

うまくできていなかった部分があれば、みんなで対策を考える。そして、次回の合コンのテーマにする。たとえば、【雑用係】の動きが悪かったとしよう。次の合コンでは、同じ人間が【雑用係】として、再び自分のテーマに取り組むといった具合だ。こうして「反省」⇩「対策」⇩「テーマ設定して改善」を繰り返していると、合コンの精度はみるみるうちに上がっていく。

もうひとつの要点は、今回、合コンをやった女の子たちの扱い。メンバーが個人的に気に入った子がいたか、じゃあ今後、どういう作戦でいけばいいのか、全員で考える。複数のメンバーがひとりに集中した時も、この場で意見調整しておこう。言い換えれば、反省会が終わるまでは、勝手に女の子に電話をしたりしてはいけないってわけ。あくまでも「チームの和」を優先すべきだ。また、もう一度、彼女たちと合コンを開くかどうかなども協議をする。その場合、どの子は切り捨て、どこの子に合コンをセッティングさせるのがいいかなども話し合う。

# システムⅣ　敵を見抜いて攻め落とせ

## マジで彼を探しに来ている子とお遊びギャルを見抜くテク

「敵を知れば、百戦危うからず」。相手を攻略するためには、相手を知ることが重要、これは「兵法」の基本ってもんだ。合コンにおいてもしかり。敵が何を目的に参加しているのか、見抜くことから戦いは始まる。

一般に合コンに来る女の子を大別するとすれば、

・マジで彼氏を見つけに来ている子
・今のところ彼氏がいて満足はしているけど、おつき合いでとりあえず参加している子
・セックスの相手を探すのが目的のアバンチュールギャル

の三種類に分類できる。

そこで合コンの基本法則。全員が「マジ彼派」でかたまっているケースはやたら多い。しかし、全員が「ヤリたいだけの女の子」というグループはまずお目にかかったことはない。ヤリたいだけの子は、いてもひとりいるかどうか。イレギュラーな存在だ。だからこそ、合コンで女の子を

抱こうと思ったら、きちんとした「ノウハウ」と「システム」が必要ってわけだ。

じゃあ、どうやって三種類の女の子を見分けるか。これははっきりいって、初歩の初歩だ。こちらのことをやたら聞いてきたら、本気で彼氏探しに来ている証拠。本気でつき合いたいんだから、相手のデータが気になる。当然の心理だ。「どこに住んでいるの?」「普段、何やっているの?」。仕事や学校など、質問攻めしてくる子は、「マジ彼派」ってわけ。

アバンチュール・ギャルは正反対だ。ノリはやたらいいけど、こっちの素性なんかは、まったく知ったこっちゃない。そのくせ、二次会、三次会には率先してついてこようとする。

中間の「とりあえず満足派」は、「マジ彼派」の応援にまわるのが特徴。たとえば、「この子ってスゴくいい子なんだよね」などとフォローにまわる子は、男関係は満たされている可能性大で、アタックしても望みは薄い。ただし、本当に満足しているのなら、合コンに参加はしない。深層心理では「いい男がいれば、つき合いたい」と思っている。言い換えれば、フォローに徹しているのは、自分の気に入った男がいないからそうしているのだと、判断していいだろう。

では、今度は視点を変えて、「口説きやすい子」の見分け方。化粧や服装が派手な子は、よくいわれるように落ちやすい。印象が地味でおとなしそうでも、派手なファッションの子はいける。とくに、ミニの子は抱ける確率が高い。

**マジ彼探しグループは存在しても、ヤリ彼探し派がつるまないのが合コンギャル。**

## かわいい子より落とすべきは幹事とミソッカス

よほど変わった趣味でもない限り、男はみんなルックスレベルの高い女が好きだ。同じ文化、同じような環境で育っているので、メンバーの美的感覚もほとんど共通してしまう。この自然の摂理に従えば、合コンではかわいい女の子に人気が集中し、メンバーの全員がチヤホヤしがち。よく見る光景だね。しかし、これは絶対やってはならないタブーのひとつで、逆に「最もルックスレベルの高い美女は、合コンでは無視！」がセオリーだ。

攻めるべきはむしろ、幹事と相手チームの中で最もルックスレベルが低い女の子。「えっ、なぜ？」って思った人がほとんどだろう。

理由をひとつひとつ説明しよう。まず、美人無視の理由。「彼女すごくかわいいね」などと男が騒ぐと、他の女の子たちは、それ、いつものやつが始まったとばかり、「そうでしょ。この子かわいいんだよ」となって、話題がすべてルックスのいい子を中心に回り始め、他の子が引いてしまい、ノリが悪くなる。

逆に、かわいい彼女を無視しても何ら問題は起こらない。むしろ、「なんで私が相手にされないのかな？」という気持ちが彼女の中で芽生えるので、かえって二次会、三次会にもついてきやすい。

ルックスレベルの高い子をかまうのは、女の子のメンバーがみんな酔っぱらった、二次会以降。それも、ひとりが口説くというようなマネはやめて、みんなで「ローリング」する。喜びは分かち合う精神が必要だ。

一方、幹事役の女の子は、普通は彼女にしたくない世話焼きのオバチャンタイプが多く、ルックスレベルも高くない場合がほとんどで、どうしても敬遠したくなる存在だ。しかし、幹事役は、相手チームの主導権を握っている。司令塔である彼女を落としてしまえば、相手チームは陥落したも同然。ゆえに真っ先に攻撃すべき目標というわけ。

相手チーム内でルックスレベルが最も低い女の子は、合コン用語でいえば「爆弾」。扱いを一歩間違うと、文字通り爆発し、合コンをめちゃめちゃにしかねない。だから、要取り扱い注意の爆弾ってわけ。そのかわり、うまく処理できれば、幹事と爆弾ほど強い味方になる存在もない。

幹事やミソッカスが落ちるとどうなるか。たとえば、幹事は「みんなもっと飲まなきゃダメじゃない」などと率先して酒を勧めてくれるし、誰かが帰ると言い始めても、彼女たちが引き留め役に回る。

いつもチヤホヤされているグループきってのかわいい子が「私、もう帰らないと…」などと言い始めても、「いつもあなた、おいしい思いをしているんだから、今日はお願い」などと、こちらのよき協力者になってくれるのだ。

**美人は簡単に落ちる。だが攻撃は二次会以降のローリングをお楽しみにとっておく。**

## 女幹事を翻弄するための「沈黙ダンマリ」作戦とは

じゃあ、「落とす」ってどういうことだ？　端的にいえば、彼女を「気持ちよくさせる」。誰だって異性からかまってもらえば嫌な気分はしない。だから前述した通り、女幹事は【日直】と【ネタ振り係】でサンドイッチにしてガードし、ふたりでかまい続けるのが「定石」ってわけ。

これは扱い要注意なので、ビギナーが使うと危険だが、僕らが女幹事を落とすために多用していたテクニックを参考までに教えておこう。幹事がものスゴく気の強い女の子、これはよくあるケースなのだが、この場合、ただ【日直】と【ネタ振り係】がかまっただけでは、相手は落ちにくい。

そこで僕らが考案したのが「沈黙作戦」。席について五分間は、ダンマリを決め込むのだ。男性陣は一切しゃべらない。タバコでも吸っていればいい。当然、ただならぬ空気が漂う。

すると、幹事の女の子はどうなるか。凍りついている場に、いたたまれなくなり、こちらの幹事に、視線で「助け」を求めてくる。しかし、男の幹事は完全無視。そこで彼女は、シラけた雰囲気を何かとしたいと焦り、自分からガーッとしゃべり始める。場を盛り上げようと、お酒もガンガン飲む。完全に「視野狭窄《きょうさく》状態」。まわりの子が心配して「大丈夫？」なんて言い始めたら、沈黙作戦解除の潮時、見計らったようにみんなでワッーとしゃべり始めると、幹事はホッとひと安心し、気がゆるむ。

なぜ、こんなまどろっこしい作戦をとるのか。幹事役の女の子は一般に頭の回転が速く、冷静なタイプが多い。状況判断力にも富んでいて、女の子のメンバーをコントロールし、仕切ろうとする。放っておくと、彼女のペースになってしまう。そうなると、こっちとしては具合が悪い。そこで、幹事役の子は一度、攪乱《かくらん》して冷静さを失わせてしまおうというわけなのだ。彼女は司令塔の機能をまったく果たせなくなるから、こちらは戦いを有利に進められる。

ただし、先ほどもいったように、空気の読めないビギナーがこれをやるのは危険過ぎる。でなくても男のメンバーのほうが沈黙に耐えられず、失敗するのがオチだ。もし、やるのなら、どうしても手に負えない、「手練れ軍団」に遭遇した時に限定しておこう。

### ミソッカスの子をケアする高等戦術、「連打波状攻撃」

ミソッカスの子を処理するのは、爆弾処理班である【雑用係】の仕事だ。原則は、コンパの間じゅう、常に【雑用係】が爆弾の隣りに陣取って、孤立させないようかまう。しかし、【雑用係】のルックスがイマイチの場合と、彼女がシラフの状態では、爆弾の処理がうまくいかない場合もよくある。

**計算高い幹事の子、爆弾的存在のミソッカス、彼女らを翻弄できればチーム完成。**

そこで爆弾対策として、一次会の時点で僕らがよく使っていたのは「男のメンバーの中で最もルックスレベルが高いやつがつく」。この手のミソッカスの女の子は、普段、イイ男にかまわれる機会はまったくといっていいほどない。だからほとんどの場合、チヤホヤされればご機嫌になる。

もっとも、相手によっては、こんな単純な手法では効果が全然ないこともある。というのも、合コン慣れしている場合だと、「また例の接待がきたか」とこちらの手の内を見抜いてしまうからだ。それでなくても警戒心が強いので、単発で仕掛けても落ちにくい。

そこで僕らが編み出したのが、「連打波状攻撃」だ。まず、ルックスの一番いいやつが、彼女についてチヤホヤする。この時点では、「何、またぁ」と警戒心がありあり。で、次にルックスが二番目にいいやつがいく。さらに、三番目のやつという具合に順に、波状攻撃をかけるのだ。

いくら合コン慣れしていても、一回の合コンで複数の男からチヤホヤされた経験はまずない。いろんな男にいろんな方向から攻められると、あっけなく陥落してしまう。

ちなみに、「美人は落としにくいか」といえばまったく逆だ。ミソッカスは警戒心、猜疑心が強くて、口説けば口説くほどたいていは自分の殻に閉じこもろうする。だから「この程度のルックスならいけるだろう」なんて思って妥協して攻めるのは愚の骨頂。むしろ「難攻不落」なのだ。だからこそ、美女は放っておいても大丈夫だが、ミソッカスは、不特定多数で攻撃を仕掛けるという高等戦術が必要になるってわけ。

ただし、こんな「爆弾娘」は、はしゃぎ始めたあともなお注意が必要。やたらハイテンションになった彼女は、ムードがすごくいいカップルがいると、「ええ、なに？」なんて、くちばしを突っ込んできたり、キスしようとしているカップルの間に割り込んできたりする。だから「爆弾処理班」の【雑用係】が常に完璧なガードをしておかなければならない。

協力者といえば、たとえば、食べ物をこぼしたり、ネタ振りしてもトンチンカンな答えが返ってくる「天然ボケ」の子が混じっていればラッキー。自制心があまりない子が多いので、ガンガン飲んでいただこう。結果、ベロンベロンになると、なおいっそうわけのわからないことを言い始めるのがお定まりのパターンで、「みんな、もっと飲もうよ！」なんて女の子を煽ってくれちゃう。その他大勢の女の子も、天然ボケの子と男性陣のやり取りを見ているだけでおもしろがるので場も盛り上がる。天然ボケの子は、自分たちサイドの一員だと見なして、攻めて攻めて攻めまくれ！

## 「爆弾娘」はいつも突発的に出現する

爆弾処理班である【雑用係】が処理しなければならない「爆弾」は、なにもミソッカスに限らない。

ミソッカスが「先天的爆弾」だとしたら、突如として爆弾に変わる「後天的・突発的爆弾娘」

**天然ボケ、泥酔女出現、突発的なトラブル発生もこんなセオリーで逆用できる。**

もいる。たとえば、酔いつぶれてただの肉塊になってしまう子。こんな子が出たら、【雑用係】がつきっきりで介抱する。会場から会場への移動の間も、肩を貸したり、場合によってはおんぶしたり。トイレでゲロを吐き始めたら、背中をさすってやるのは当然。水が欲しいと言い出せば、サッと水を持ってきてやる。

ここまで酔いつぶれる子が出ると、他のメンバーは心配で合コンどころではなくなると思うだろう。でも、違うんだな！　女の子は案外、薄情なもので「あいつがきちんと面倒をみているから」といえば、「あっ、そう」と安心して合コンに没頭するので、酔った子がいること自体は、チーム全体としてはさほど問題にならない。しかし、【雑用係】はたいへん。自分が【雑用係】の時にこんな子に当たったら、もう不運と諦めるしかない。

酔っぱらって泣き出す子も「爆弾」なら、頻繁に席を立つ子も、携帯電話をかけ始める子、一次会で帰ると宣言した子も「爆弾」。彼女たちのケアはすべて【雑用係】の仕事なので、【雑用係】はけっこう忙しい。

とくに二次会、三次会と進んでいくにつれ、トラブル娘が続出するので、場合によっては【雑用係】は後半ほとんど休めない状態になってしまうこともある。そうならないよう、他のメンバーが援護射撃をしてあげるのもチームの結束を固めるための秘訣。たとえば、泣いた子や頻繁に席を立つ子がいれば、【日直】はすかさず「席替え」を指示してやろう。メンバーへの気づかいも忘れずに。

## 即席合コンはリーダーの識別から始めろ

街で声をかけていきなり合コンというパターンがある。たとえば昼間、かわいい子がマックにいた。なら合コン。誘ってみるとOKという返事。数時間後に彼女の友だちグループと僕らで合コン、というパターンだ。こんな場合、相手の氏素性や関係は一切わからない。これでは攻める糸口がないので、まず「リーダー」を探る。見分け方は、そうむずかしくない。笑い声や話し声がでかい女の子が、そのグループの主導権を握っていると見てまず間違いないだろう。

もうひとつの判定ポイントは、「○○しよう!」とこちらが誘った時に、女の子たちが誰を見ているか。視線が集まる先にいる子がリーダーだ。

もっとも、リーダーの力が及ぶのは、通常ひとりである。たとえば四人のグループだったとしよう。リーダーと目される女の子に頼っているのは、傍にくっついているひとりで彼女がサブリーダー的存在であることが多い。他のふたりはこのサブリーダーに依存しているという構図だ。したがって、リーダーとサブリーダーのふたりを押さえてしまえば、その集団はどうにでもなる。

人間関係の「濃淡」を観察することも重要だ。リーダーの中には、ただ威張っているだけで、他の女の子たちには実は嫌われている子もいる。「誰々ちゃんが行くといっているけど、本当はみ

**酔って泣き出す子、携帯かける子、一次会で帰る宣言の子、爆弾処理班は雑用係に。**

んな行きたくないんだって」などといってきた子が、実は「陰のリーダー」だったりすることもよくある。そんな場合、もちろん、表のリーダーだけでなく、陰のリーダーも掌握していなければならない。いずれにしても、四人組ならふたりがキーパーソン。カギを握るふたりを重点的に攻めればいい。

## 相手によってはサッサと退散して現地調達だ

「オールナイトＯＫ」の子たちじゃないと、その日のうちに抱くのはかなりむずかしい。抱くのが目的なら、一次会でさっさと切り揚げたほうが賢明だ。ついでにいっとけば、とてもじゃないけど、つき合いきれないといった場合も、長居は無用。無駄な出費をしないよう、乾杯をしたら、サッサと帰る。

実際、向こうの幹事に面が割れていないメンバーを偵察にやって、「こりゃあ、ダメだ」ってなったら、待ち合わせ場所に行かないもの。「そりゃ、あんまりだ」って？　大丈夫だよ。世の中うまくできていて、数時間後には、こっちがフッたグループが別の男たちと歩いているシーンに必ず遭遇したりするんだから。「捨てる神あれば拾う神あり」ってわけ。

まあ、そこまでしなくとも、一次会だけつき合えばおさらばが鉄則。でも、それじゃあ、せっかくメンバーが集まっているのにもったいない。で、そんな時は「ダブル・ヘッダー」といく。

問題は、どこで即席の相手を見つけるかだ。

ズバリ、現地調達でいこう。たとえば、その日セッティングした合コン会場がビルの四階だったとしよう。エレベーター前には、合コンをたった今終えたばかりの女の子たちのグループがたまっているはずだ。彼女たちが格好の標的。たった今まで君たちと合コンをやっていたお帰り組の女の子たちは、サッサとエレベーターに乗せて、下に降ろしてバイバイして、誰かひとりがエレベーター前に残り、女だけのグループの子たちに、「二次会、どうする?」って単刀直入に切り込む。

エレベーター前で女の子同士でグタグタやっているグループって、「次、どうしようか?」って迷っている確率が高い。本当に帰りたいなら、バラバラに帰るのが女の子たちの習性だからだ。とくに八時から九時頃なら、つまんない男たちと合コンやっちゃって、彼らとは別れたんだけど、物足りないって思っている連中なんだよね。合コンの一次会ってだいたい六時頃から始まって、二時間ぐらいでお開きになるから。

しかも、お酒が入っているので、すでに「臨戦体制」は整っている。だから意外に抵抗なく、こちらの話を聞いてくれる。その結果、色良い返事がもらえなくとも、名刺を配りまくって、ついでに電話番号を尋ねとけば次につながるから「一石二鳥」ってわけ。

エレベーター前でダブル・ヘッダーの相手をゲットできなかったら、今度は一階まで降りて、

# 合コン帰りの子は臨戦体制、だから意外に即席コンが成立する可能性が高い。

入り口付近でたまっている子たちに声をかける。それでもダメなら、近くのマックやモスバーガーを覗いてみよう。迷っている子たちは、とりあえずファーストフードに一度立ち寄り、相談するのが、行動パターンだからね。そして、最後のチャンスは、駅でモタモタしているグループ。もう、わかっただろう。合コンで集まったけど、つまんなくて一次会で終わり、でも、まだ帰りたくないって子たちの動きに合わせて、場所を移動しながら、声をかけて、誘うっていうのが定石ってわけだ。

当然、エレベーター前⇩ビルの入り口⇩ファーストフード⇩駅、と移るにつれ、女の子たちのテンションは下がってくるので、成功確率も下がってくる。だから、できるなら、エレベーター前でダブル・ヘッダーの相手を捕まえるに越したことはない。

## 要注意、合コンの鬼・ヤバイ女たちはこう振る舞う

合コンを数こなしていくと、時には運悪く、「煮ても焼いても食えない軍団」を引き当ててしまうことがある。

ひと言でいってしまえば、「合コンの鬼」のような強者ばかりの集団だ。百戦錬磨の彼女たちの特徴は、ひとりだけ男漁りに来ている子がいること。彼女はサッサとメンバーのひとりを強奪して、夜のホテル街に消えていく。「じゃあラッキーじゃん？」なんて思った人がいたら、彼女たち

の怖さを知らない。あとのメンバーは、みんな凄腕の賞金稼ぎのようなやつで、たらふく食べて、男性陣の財布を空っぽにすると、意気揚々と引き揚げていくやからなのだ。こんな「ピラニア集団」に食い物にされたら、泣くにも泣けない。

初心者のうちに太刀打ちしようとしても無駄。彼女たちは大リーグレベル、草野球チームのキミたちがどんなにがんばっても、メッタ打ちにされるのがオチだ。一刻も早く、トンズラするしかない。

そこで知っておきたいのが、合コンでの彼女たちの振る舞い方。街で女の子たちに声をかけて、即合コンというパターンになった場合、気をつけなければならないのは、女の子が「じゃあ、あそこ行こうか」などと、サッサと合コン場所を自分たちで決めてしまうパターン。主導権をすぐに握ろうとすること自体が、相当な強者だ。「あ、僕ら、用事思い出したわ」で逃げてしまおう。

席につくなり、こちらの機先を制して、飲み物や料理の注文を始める軍団も要注意。これで乾杯の時に自分たちが音頭をとって、「お疲れぇ!」「うぃーす!」なんてやり始めたら、末期症状もいいところ。片手でこっちのコップや杯に酒をついでくる女たちもヤバイ。長居は無用だ。「これ、安いなぁ」と料理の値段にケチをつける女もご遠慮願いたい。

「ゲーム」がやたら強かったり、こちらが知らない「ゲーム」や「コール」で攻めてくるグループも強者集団。「じゃあ、山手線ゲームいこう!」などとゲームを始めた途端に、「イエーイ!」

**死んでも相手に主導権を渡すな! 合コンで食い物にされたら目も当てられないぞ。**

なんて反応してきたら、これまた退散したほうが利口だ。

［ゲーム］が始まると、次から次にテーマを率先して出してくる子も合コン慣れしている要注意娘だ。

とくに合コンを始めた初期の頃には勘違いしやすいので、とくに注意が必要だろう。たとえば、［ゲーム］にバシバシ喰いついてきた。いやあ、ノリがいい。一緒におしゃべりしても楽しいし、向こうも「つき合おうよ」と迫ってきた。「よし、彼女と交際するぞ」なんて喜んだやつがいたとしたら、大バカ者もはなはだしい。

たとえ相手も乗り気で、自分が好きなタイプであっても、この手の子はパスすべきだろう。合コンをきっかけにいっぱい男を喰っている可能性が高いからだ。彼女としてまともにつき合うには適していない。遊びだと割り切るのなら別だが、たいてい喰い物にされてポイ。いずれにしても、合コンに頼らなきゃあ彼女ができないキミには、まだしばらく荷が重過ぎる。

# システムV　ゲームとコールを完全マスターしよう

## 「ゲーム」「コール」システムは由緒正しい最強手段

「ゲーム」と「コール」ほど、合コンの明暗を分ける重要なポイントはない。「ゲーム」と「コール」さえきちんとマスターできれば、どんなにさえない男たちの集まりでも最強の合コン軍団に変身できるとすら断言してもいいほどだ。

僕らが使っている「ゲーム」と「コール」システムは、実は完全なオリジナルではない。元々はツアーを企画していた関西の学生たちが作ったものだ。それを関東の風土に合うようにアレンジして練り上げ、さらに強力にして完成させたのが僕たちの方法だ。

かつて、街でビラを配り、与論島や沖縄への格安ツアーを売っていた学生たちが関西にいた。彼らが組んでいたツアーは、向こうでディスコを借りきって大騒ぎしようという企画だった。当然、ターゲットは女の子なので、二、三〇人の女の子たちを、二、三人のツアー学生くんが引率していくことになる。そこで、学生くんたちが場を盛り上げるために開発したのが、「ゲーム」と「コール」システム。彼らが仲間内に配っていたコピーを先輩経由で手に入れて、試しにやってみると、革命的な変化が起こったのだ。

関西のツアーをやっていた連中から合コンの「虎の巻」を入手したものの、最初のうちは覚えきれないので、堂々と膝の上で開いて見ながら進行していた。膝の上の虎の巻をいちいち確認しながら、「じゃあ、次はピンポンゲームいこうか！」といった具合で、ぎこちないことこのうえない。それでも、気がついたらキスぐらいまではいっていたのだから、「ゲーム」と「コール」の威力は凄い。

ある時なんか、マックで出会った子たちと即席合コンに及び、カラオケでさっそくゲームを始めた。激しくキスして別れたあと、みんなで顔を見合わせていった言葉は「あいつら、どこのやつらだ？」。名前も知らないのに、キスができちゃう。「ゲーム」と「コール」ほど強力な武器はないよ、ホント。

## 王様ゲーム一本でいこうとするから失敗する

ゲームの目的は、女の子を酔わせ、ガードを下げ、あわよくばHなことをやっちゃおうということ。ただし、いきなりHな行為に及ぼうなんて考えると失敗する。ゲームを取り入れた合コンで最も多い失敗例がこれ。「王様ゲーム」に最初から突入し、女の子とキスしたり、脱がそうとするから、うまくいかない。

王様ゲームが登場したのは、確か一九九三、四年頃だった。当時、王様ゲームの出現で、合コンの流れが劇的に変わった。王様ゲームを使えば、簡単にH系の行為ができてしまうという「黄金時代」がやってきたのだ。しかし、まもなくテレビなどで報じられるようになると、今度は、女の子たちも王様ゲーム対策を立てるようになり、「中マキやキスはなし」などと条件をつけてくるようになった。ちなみに、中マキとは、「トイレなどに男女ふたりで一分」などという命令だ。

そこで、今では合コンのスペシャリストたちは原点に戻り、王様ゲームをいきなり行うのではなく、いろいろなゲームを組み合わせて、女の子たちを十分盛り上げてから王様ゲームへというスタイルに変わっている。最初から王様ゲームにいって失敗するグループは、過去の幻想に惑わされている時代遅れなバカなやつらってわけだ。

僕らのシステムが優れているのも、ゲームの順番が実にシステマティックにできているためだ。ゲームの順番が完璧だからこそ、自然にHなことまで可能なのだ。

[ゲーム]は、一次会から始めてもいいが、原則は二次会から。僕らが取り入れているゲームには[飲み系][盛り上げ系][H系]の三種類がある。[飲み系]は女の子にお酒を飲ますための、[盛り上げ系]はテンションを上げるための、[H系]は文字通りHな行為に及ぶためのゲームだ。一次会で行う時は、いくら勢いがついていても欲張らずに[H系]は外す。[飲み系][盛り上げ系]で。二次会でも、このふたつが中心。[H系]ゲームは三次会の後半になって、女の子たちが十分

ヒートアップしてからだ。

## フォーメーションは、日直中心のツートップ体制

［ゲーム］は【日直】が仕切る。この【日直】の出来でその日の合コンの運命が決まる。［ゲーム］こそ【日直】の最大の仕事。［ゲーム］のために【日直】はいるといっても過言ではないだろう。ゴーサインを出すのも日直。「じゃあ、ゲームやろうか！」で開始する。

［ゲーム］を始めるにあたって、【日直】はかならず確認しなければならないのは、みんなの席の配置。男と女が交互に座っているかどうか。もし、そうなっていなければ［席替え］をして、男女をジグザグに座らせる。

［ゲーム］の開始とともに、フォーメーションも変える必要がある。それまでは、【ネタ振り係】が切り込み隊長として縦横無尽の活躍をするワントップ体制で臨んでいたのを、【ネタ振り係】と【日直】のツートップ体制に切り替えるのだ。

【日直】は、［ゲーム］の進行役。【ネタ振り係】は、にわかバーテンダーに変身。お酒をつくる役回りに移行する。【日直】と【ネタ振り係】、このふたりを中心に合コンを進行し、それ以外のメンバーは、手拍子とかけ声で盛り上げ役に徹する。

**王様ゲーム一本やりはアホ。順番にしたがって徐々に雰囲気を盛り上げていく。**

といっても機械的に覚えられるので、別にややこしいテクニックは要らない。言い換えれば、[ゲーム]と[コール]は、事前の練習がものをいう。完全マスターするまで、何度でも練習すべき。たとえば「山手線ゲーム」で、タバコの銘柄をテーマにするんだったら、一〇週ぐらいはお茶の子さいさい。出されるテーマは、全部いえるようにしておく。[コール]の言い方、ボリューム、手拍子のやり方、すべてを練習する。

とくにゲームの流れはみんなが把握しておかなければならない。今、[飲み系]なのか、[盛り上げ系]なのか、流れを知っておけば一体感を持ってゲームが進められる。メンバーひとりひとりが個人レベルで腕を磨くだけでなく、全員が何度も集まって、実際にゲームとコールの流れを体に覚え込ませることが大切だ。

## 女の子たちにはオチョコでジワジワ飲ませる

[ゲーム]の当初の目的は、彼女たちにお酒を飲ませてガードを下げることにある。したがって、お酒を飲んでもらえる環境づくりを行わなければならない。

[ゲーム]が始まるまで、女の子たちには好きな飲み物を飲ませる。しかし、[ゲーム]になった途端、【ネタ振り係】が、テーブルの上にある飲み物、グラス類は全部回収する。以後、全員の飲み物を管理するのは、【ネタ振り係】だ。

## 合コンの決めてとなる［ゲーム］の構成

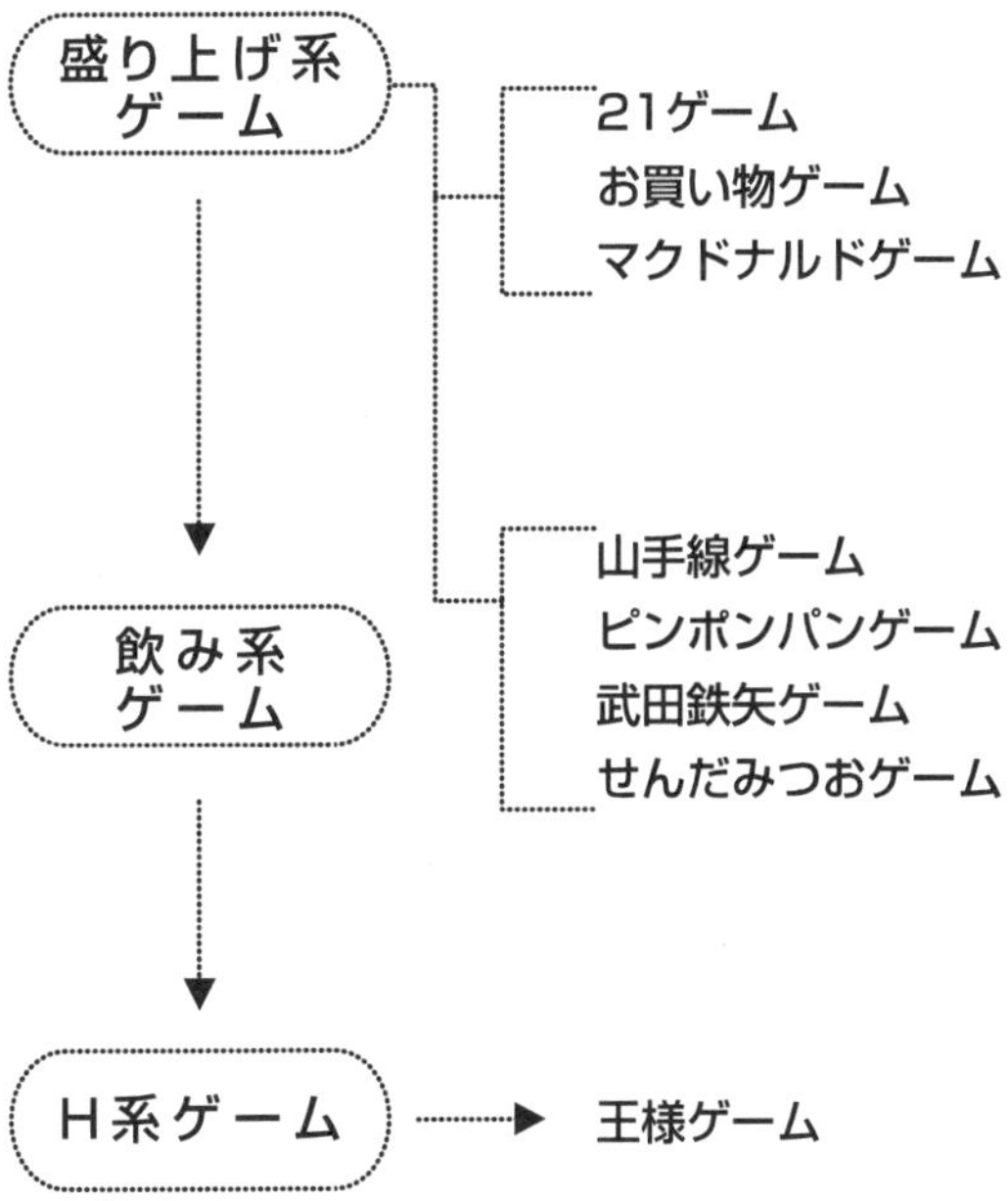

この時点で【雑用係】は、日本酒、ウィスキー、リキュールなど、いく種類かのアルコールを頼みに行く。飲めない女の子がいれば、スペシャルドリンク用にコーラなどの手配も忘れずに。とくに日本酒は、必須。なぜなら、以降、コップではなくオチョコを使うからだ。

日本酒を頼んで、人数分のオチョコを手配する。オチョコは、めいめいの前に置き、アルコール類は、すべて【ネタ振り係】の前。【ネタ振り係】の前は、まるでバーカウンター、テーブルがとても華やかになる。この状態が整ってから、ゲームを開始するというわけ。

オチョコを使用する狙いはふたつ。オチョコなら入る分量も少ない。女の子は「これぐらいなら大丈夫」と感じるので、心理的に飲みやすい。飲めない子でも、こんな量なんだから飲まなきゃあ悪い、という心理になる。それでも女の子が飲めない場合は、男が半分飲んでやる。ともかく、「ゲーム」の罰則は守らせ、少しでも飲ませることが大切。たったオチョコ半分でも、もともとアルコールが弱い子は、三杯ぐらいでフラフラになる。飲み慣れてない子が酔うと陽気になり、いきなりはしゃぎ始めるので、場が盛り上がりやすい。

もうひとつの狙いは、オチョコで飲むと酔いが回りやすいことにある。ストローでビールを飲むと少量できく。これと同じ原理で、チビチビやらしたほうが、かえってアルコールが回るのだ。

大酒を一気に飲まそうとするから、女の子たちは拒否するのだ。ボクサーがボディを打って、ジワジワ追い込んでいき、最後にダウンさせるがごとく、お酒もボディブロー攻撃でいくのが彼女たちを撃沈する一番の近道だ。

女の子のオチョコには、いつでも飲めるように、それぞれが好きなお酒をついでおく。なくなっているようなら、すかさず【ネタ振り係】がお酒をつくり、常に切らさないようにする。これとは別に、ゲーム用のオチョコをかまえておき、こちらにはキック力（アルコール度数の高い）のある酒を入れる。つまり、ゲームの罰則としては、強いお酒を飲ますというわけ。罰則用のお酒は、口当たりのよいカクテル類がいいだろう。「好きなお酒も用意しているんだから、こっちも飲んでよ」といえば、女の子たちも飲んでくれるはずだ。

女の子たちのアルコールのポテンシャルを把握しながら、「ゲーム」をコントロールし、みんなを酔わせるのが【日直】の最大の任務だ。僕らの技を使えば、いとも簡単に飲ませたい子にお酒を飲ませられる。といっても、いつもいつも女の子に当てるといかにも不自然。三、四回に一度は、男性陣が引っかかるようにするのがコツだ。とくに口火を切った「ゲーム」では、男が負けるようにすれば、不自然さは一層カバーできる。

## 一回練習させてゴー、始まったらとことん盛り上げる

さあ、「ゲーム」。でも、飲ませたいあまりに焦っていきなり本番に突入すると、知らない子は

**ボクシングにおけるボディブロー、これがオチョコ作戦の原理的優秀性である。**

ついてこられないし、女性陣から「こんなルールがあるのわかんなかった」と文句が出る。ネガティブな気分にさせてはおしまい。だから二回、練習をかならず行う。この時、知らない子には、隣の男が教えてやろう。これで雰囲気もいっそう良くなるはずだ。

［ゲーム］には前述した通り、［盛り上げ系］［飲み系］［H系］の三種類がある。最初は［盛り上げ系］でテンションを上げ、十分盛り上がったら、徐々に［飲み系］へと移っていくのが基本の流れだ。しかし、［飲み系］だけで押そうとすると失敗する。適宜、［盛り上げ系］を混ぜるのが秘訣だ。たとえば、テンションが下がってきたと【日直】が判断すれば［盛り上げ系］で立て直し、再び［飲み系］のゲームに戻っていくという要領だ。［飲み系］と［盛り上げ系］を十分にシャッフルすることによって、ムードと酔いが高まり、［H系］（王様ゲーム）へとスムーズに入っていける。

［盛り上げ系］には、「山手線ゲーム」「お買い物ゲーム」「マクドナルドゲーム」などがある。［飲ませ系］は、「21ゲーム」。また、この二つの機能を合わせ持つゲームとして、「ピンポンパンゲーム」「武田鉄也ゲーム」「せんだみつおゲーム」「牛タンゲーム」などがある。

この三つを中心に回していくわけだが、それぞれの［ゲーム］にはテーマを変えたアレンジ系があり、これを「下着のメーカーの名」に替え、最後には「体位」をいわせるといった具合。実際にHな行為は伴わないが、女の子にHなことをいわせることによって、王様ゲームへの布石が整っていくというわけ。そして、いよいよ［H系］の王様ゲームへ突入だ。

しかし、タイミングを誤ると、すべてが水の泡になってしまう。では、どこで切り替えればいいか。目安は女の子たちの反応。［ゲーム］では頭を使う。ところが、お酒が回ってくると、判断力、思考力が鈍り、［ゲーム］についてこられなくなる。この状態に女の子たちがなったら、［H系］へ進んでもいいというサインだ。【日直】は頃合いを見計らって、王様ゲームへと進めよう。ただし、王様ゲームに突入しても、いきなりキスでは女の子たちが引く。最初はマイルドなものから始めて、徐々にエスカレートさせていくのがセオリーだ。しつこいようだけど、順番がすべてなので、セオリーは必ず守ろう。

## ［ゲーム］の具体的やり方と裏技

さて、具体的なルールと順番。裏技、アレンジすべきテーマなどを紹介しておくので、きちんとマスターしてもらいたい。ちなみに［ゲーム］は、やるべき順番にそって並べておいた。

**●すべてに共通する基本ルール**

①女の子から要望がない限り、［ゲーム］の種類、テーマを決めるのは【日直】。

②［ゲーム］を始めるにあたっては、かけ声をかならずかける。

ゲーム本番突入前には練習を。盛り上げ系、飲み系、H系へとテンションを高めて。

【日直】は「ゲーム」を開始するにあたってかならず「○○ゲーム、がんばるぞ！」と宣言する。それに応えて、他のメンバーも「オーッ！」とこぶしをあげる。
③答えていく順番は時計回りが基本。
④手拍子をはさみ、テンポよく答えていく。山手線ゲームでは、たとえば「東京！」と答えた後、パン、パンと二度、手拍子をみんなが入れる。「目黒！」、パン、パン、「新宿！」パン、パン。買い物ゲームでも「キャベツ！」、パンパン、「キャベツ、レタス！」、パン、パン。21ゲームでは「1」パン、「2、3、4」パンといった具合。リズムとテンポが大切だ。

## 山手線ゲーム［盛り上げ系］

【ルール】　順に与えられたテーマにそって答えを言っていく。たとえば、山手線なら、「東京！」と【日直】が口火を切ったら、右隣の人間が「目黒！」、次の人は「目白！」と順に山手線の駅名をいわなければならない。同じ駅をいってしまうか、決められた時間内（三秒に設定しておくといいだろう）にいえないとアウト。お酒を飲まなければならない。
【お約束事】　誰かが「東京！」と答えたら、パンパンとみんなが手拍子を打つ。誰かがつまったら、すかさず、みんなで「3、2、1、ブー」とやろう。これで盛り上がる。
【テーマ】　テーマには［オーソドックス系］［飲ませ系］［H系］の三種がある。

①［オーソドックス系］

オリジナルは「山手線の駅」だが、合コンを開いた駅の沿線をテーマにするのが基本。たとえば、中野なら「中央線の駅」でいこう。他に［オーソドックス系］のテーマに、都道府県の名、外国の名、乗用車の名（外車・日本車）、タバコの銘柄（スーパーライトやライト、メンソールはひとつの銘柄として扱う）、ファーストフードの名、ファミレスの名、ジャニーズタレント（グループ名は不可。フルネームで）、野菜の名、化粧品メーカー、ビールの銘柄、サザエさん一家、モーニング娘。のメンバー、学校の科目、おにぎりの具、コンビニの名、プロ野球チームの名、居酒屋チェーン、デパート、雑誌などが考えられる。要するにいやらしさを感じさせないテーマでいく。また、今あげたテーマは、よく女の子からも出されるので、事前に知識を入れておこう。

②［飲ませ系］

数が決まっていて、誰が飲まなければいけないのか、決まっているもの。たとえば、信号の色、キンキキッズやダウンタウン、ネプチューンのメンバーなどだ。単に飲ませるというだけでなく、これらたわいのないテーマを時折はさむことによって、メリハリがつき、場も和む。

③［H系］

いわゆるHなネタ。体に生えている毛、体位（ジェスチャーを入れる）、ラブホテルの名、避妊具、大人のおもちゃ屋で売っているものなど。Hなことをいわせることによって、女の子の気持ちをオープンにするのが狙いだ。いいたがらない女の子もいる。そんな子には、隣りの男が教えてあげるようにする。［H系］では、笑いを入れるのもセオリー。たとえば、体に生えている毛がテーマの時は、男のメンバーの誰かが「ハゲ！」と答える。体位なら「○○（自分の名）スペシャル」、ラブホテルは「僕んち」、避妊具なら「顔に出す」「コーラで洗う」、大人のおもちゃ屋では「オレ」。ただし、いきなりやってもウケない。一周させたあとでがポイントだ。

## 21ゲーム［飲ませ系］

【ルール】　ひとり三つまで数がいえる。たとえば、最初の人が「1、2」と答えたら、次の人は、「3、4、5」、さらに次の人は「6」といった具合に、順に数字を三つの範囲で答えていくのだ。その結果、「21」をいわされた人が負け。お酒を飲まなければならない。

【アレンジ】　21でなく10〜31の間の別の数字をジョーカーにして、ゲームに変化をつけよう。31以上になるとかったるくなるので、これが上限。10以下だと、誰が負けるかすぐにわかるので、これもシラける。だから、10から31の範囲が適切というわけ。

【裏技】　このゲームの目的は女の子にお酒を飲ませることにある。実は、これに裏技があって、負ける人間を操作できるのだ。方法は簡単。常に5引いた数をいった人間から、三つ先の人が負けるようになる。たとえば、「13」までの数字を隣りの子がいったとしよう。そうすると次の男は「14、15、16」とコールする。この場合、次の女の子の答えは、次の三つのケースしかない。「17」「17、18」「17、18、19」のいずれか。だったら、次の男は、「18、19、20」もしくは「19、20」、「20」と答えれば、かならず隣りの女の子は「21」と答えなければならなくなるというわけ。

21が31に変わろうが、これは一緒。常に5を引いた数字を頭において、女の子にお酒を飲ませそう。

## お買い物ゲーム［盛り上げ系］

【ルール】　山手線ゲームに似たルールで、テーマに添って順次答えていく。ただし、どんどん増えていくところが違う。たとえば、「八百屋さんでお買い物」がテーマだと、八百屋で売っているものを答えるわけだが、最初の人が「キャベツ！」といったら、次の人は新たな野菜を付け加え、「キャベツ、ニンジン！」という。さらに次の人は、「キャベツ、ニンジン、タマネギ！」というように進んでいくのだ。買い物の品を飛ばしたり、新しい野菜を付け加えられなかったらアウトだ。

【お約束事】　【日直】は、最初に誘導する歌から始める。たとえば八百屋さんがテーマなら「やーお屋さんでお買い物、お買い物、お買い物、レタス！」と手拍子を交えながら歌う。そして、パン、パンと手拍子を入れ、次の人が「レタス、キャベツ！」と答えたら、またみんなでパン、パン、パン。もちろん、テーマが変わったら「やーお屋さん」のフレーズは、「レンタルビデオ屋さんでお買い物」というふうに変更する。

**【注意点】**　このゲームは記憶力が勝負。頭を使うので疲れる。あまり長くやらすと、女の子たちがダレてくるので、三、四度で留めておくのがコツ。

**【テーマ】**　八百屋さんの他には、薬局、コンビニ、本屋、おもちゃ屋、レンタルビデオ屋などが適当だ。

**【テクニック】**　［H系］のテーマを混ぜると盛り上がる。たとえば「下着屋さん」。また、メンバーのひとりの家でお買い物というテーマを取り入れると効果的。たとえば、「山崎さんちでお買い物」といった具合。この時、男のメンバーはかならずHなものをいう。「エロ本」「エロビデオ」など。

## マクドナルドゲーム［盛り上げ系］

**【ルール】**　ハンバーガー、ポテト、シェイクのいずれかのジェスチャーを「親」がやる。その時、他のメンバーも同時に三つのうちのいずれかのジェスチャーをする。もし、親と同じジェスチャーがやった人がいれば負け。親は時計回りに順に移っていく。親がジェスチャーをする時の囃子があるので、これを使うのがミソ。「おいしい笑顔、マクドナルド」と手拍子をしながら歌い、たとえば「シェイク！」といいながら、決められたジェスチャーをやる。

## ピンポンパンゲーム ［盛り上げ系&飲ませ系］

【ルール】　最初の人が「ピン！」といったら、右隣の人が「ポン！」という。さらに右隣の人が「パン！」と答える。「パン！」と答えた人は、その瞬間、誰かを指さす。指された人は、初めに戻って「ピン！」と答えなければならない。さらに右隣の人は「ポン！」、次の人は「パン！」と答えながら誰かを指すという繰り返し。瞬時に反応できなかったり、関係ないのに声を出した人の負け。

【お約束事】　スピードとリズムが大切なのでこのゲームでは手拍子などは入れない。「ピン！」「ポン！」「パン！」と歯切れよく、スピードアップしていく。

**【裏技】**　最も盛り上がるゲームなので、ここでどんどん女の子たちにお酒を飲ませていきたい。そのための裏技を紹介しておこう。ひとつは、「パン！」の番になった時に、自分を指す。すると右隣の子は、何が起こったかわからず、反応なし。これで隣の子に容易に飲ませられる。もうひとつは、「ピン！」という時に、右隣ではなく、反対側の左隣の子のほうを向いていう。すると、左隣の子が思わずつられて、「ポン！」といってしまう。

**【アレンジ】**　ピンポンパンをピンポン「キョン」、ピンポン「ドン」などに替えていけば、変化がつく。

## 武田鉄矢ゲーム・せんだみつおゲーム〔盛り上げ系＆飲ませ系〕

**【ルール】**　武田鉄矢ゲームでは、最初の人が「タケダ！」とコール。右隣の人が「テツヤ！」と続く。「テツヤ」と答えた人は、答えると同時に、誰かを指す。指された人の両隣の人は、「なんですかぁ?」と、耳に手をあてながら、いわなければならない。せんだみつおゲームはこれの変形。「センダ！」「ミツオ！」で指を指し、指された人の両隣が両手を耳の横から上下させるジェスチャーを交え、「ナハ、ナハ、ナハ！」とギャグをいう。

**【裏技】**　ピンポンパンゲームと同様に、「テツヤ」「ミツオ」という時に自分を指すと両隣の人間は混乱して、ミスを犯しやすい。

## 牛タンゲーム［盛り上げ系&飲ませ系］

【ルール】　時計回りに順繰りに、「ギュー」、「タン」、「ギュー・タン」、「ギュー・タン・タン」、「ギュー・タン・タン・タン」と続けていく。つまり、三人目から、タンをひとつずつ増やしていくってわけ。きちんといえなければ負け。

【裏技】　スピードをどんどん増していくのがコツ。このゲームは練習が大きくものをいう。練習を重ねておけば、言いよどむこともなくなり、女の子たちを負かせる。

## 王様ゲーム［H系］

【ルール】　割り箸を人数分揃える。たとえば八人なら八本というわけだが、一本の先にはボールペンで「王」の字を書き込み、後の七本の先には「1」～「7」の数字を書き込む。六人なら一本が「王」で、あとは「1」～「5」の数字をふる。最初は、【日直】がこれをおみくじと同じようにひとりひとりに引かせる。その時に「王様のいうことはゼッターイ!」とメンバーに唱えさせるようにしよう。

みんなが引いたら、【日直】が「王様、だあーれ?」と尋ねる。王様の割り箸を引いた人が「ハーイ!」と手をあげて、命令を出す。たとえば、「1番と3番がキスをする」とか、ふたりに命令を出すことができるのだ。この時点で、全員が自分の番号を明かし、指名された人は、王様の命令に従う。そして、割り箸を回収、今度は、王様になった人がみんなに引かせる。これの繰り返しだ。

**【注意点】**　何度も指摘したように、王様ゲームはいきなりやらない。他のゲームで布石をちゃんと打ってからやる。ピンポンパンゲームなどを何度もやっていると、女の子は疲れてきて、他のゲームをやろうと言い始めることがある。「じゃあ、どんなゲームがやりたいの?」と聞くと、十中八九、「王様ゲーム!」と答える。このように場合によっては女の子のほうから、王様ゲームをやろうと提案してくることだってある。でなくとも、他のゲームで十分下ごしらえをしておけば、かならず王様ゲームへとなだれ込める時が来る。

王様ゲームに入っても、最初から[H系]の命令を出してはいけない。五回ぐらいは、飲み物を飲ませるか、食べ物を食べさせるか。「4番と5番がお酒を飲む」とか「5番と6番がサラダを食べる」という程度に留めておこう。

**【食べ物・飲み物系命令のコール】**　最初の五回の飲み物、食べ物系の命令をされた人が飲んだり、食べたりする時は、コールを入れる。お酒を飲むときは、手拍子を交えながら「飲む、飲む、飲む、飲む、○○ちゃん、飲む、飲む、ハイ、ハイ、ハイ、ハイ」で。食べ物の場合は、「飲む」を「もぐ」に替えて、「もぐ、もぐ、もぐ、もぐ、○○ちゃん、もぐ、もぐ、ハイ、ハイ、ハイ、ハイ」とやる。

**【H系への流れ】**　食べ物、飲み物系のゲームを消化したら、接触系の命令を軽いジャブとして入れる。たとえば、「3番が2番をつねる」「ほっぺにチューをする」「お互いの髪の毛を一本抜く」など。「お互い胸をタッチする」も必ず入れよう。いきなり男と女では抵抗があるので、最初は男同士を当てるのがコツ。

次に「服を一枚脱ぐ」という命令を入れる。夏場は薄着になるので、ワンピースやTシャツ一枚しか着てない女の子もいる。こんな時は、アクセサリー、ストッキングなど、身につけているものなら、何でもいいというルールにアレンジして行おう。

そろそろ［H系］へ移行。［H系］に移る時には、次の二つの「儀式」を行う。儀式その一は、一週間の歌を歌う。

一週間の歌

日直「日曜日、英語でいったら何てえの？」

隣の女の子「サンデー」

日直「ノー、ノー、ノー、はさんでー、はさんでー」

他のメンバー「イエス、イエス、イエス」

日直「月曜日、英語でいったら何てえの？」

隣の女の子「マンデー」

日直「ノー、ノー、ノー、もんでー、もんでー」

他のメンバー「イエス、イエス、イエス」

この要領で、火曜日は、「チューズデー」といわせて、「チューして」、水曜日は、ウエンズデーといわせて「上でして」に、木曜日は「サーズデー」といわせて「さして」、金曜日は、「フライデー」で「フェラして」、土曜日は、「サタデー」で「マタして」とやるのだ。

儀式その二は、口移しで氷を回す。グラスの氷をピックアップ、王様からスタートして、時計回りに次々とグルっと回していくのだ。ラスト、ポイントは二つか三つ前の男性が、氷をかみ砕き、粉々にして次の女の子に口移しをする。こうすれば、より盛り上がるので、ぜひ、お試しを。

儀式が終わったら、何番と何番が「キスをする」「胸をもむ」などの［H系］の命令を開始しよう。この段階でも、男同士を入れるのがコツ。ここまで来たら、ちょっとハードな命令に移ってもいいだろう。何番と何番が「トイレに三〇秒」「ディープキスをする」など。この時点まで来ると、かなりきわどい命令でも、女の子たちは従うようになっている。

【サイン】　王様が誰か、何番は誰かなどがわかっていれば、王様ゲームは容易にコントロールできる。偶然にまかせても、二回に一回の確率で男のメンバーに王様が当たる。王様が他の男のメンバーは何番だとわかっていれば、男同士をキスさせたり、女の子だけを脱がしたりすることが可能ってわけ。じゃあ、どうすれば女の子たちには気づかれないように、メンバーの番号を知らせるか。これは簡単。メンバー同士のサインを決めておけばいい。

僕らが使っていたサインを参考までに紹介すると、「1」は額に指一本、「2」は鼻の上に指一本、「3」は口の上に指一本、「4」は額に指二本、「5」は鼻の上に指二本、「6」は口の上に指三本。つまり、額、鼻、口の三カ所と指の本数で番号を知らせるというわけ。うつむき加減でこれをやれば、女の子には気づかれない。一方、王様になったメンバーは、手のひら全体で口元を覆う。

## [コール]の種類と使い方

[ゲーム]に負けた人が罰則として、お酒を飲んだり、服を脱いだりする時には、[コール]で盛り上げる。[コール]は【日直】の担当。したがって【日直】は[コール]をすべて完璧に覚えておく必要がある。他のメンバーは手拍子とかけ声で盛り上げていく。

[コール]には、[盛り上げ系]と[飲ませ系]と[ハイスピード系]の三種類がある。[盛り上げ系]は、名前などを入れながら、盛り上げていくパターンの[コール]。山手線ゲーム、お買い物ゲーム、21ゲームなど、最初の段階はこれでいこう。[飲ませ系]は、いわゆる一気飲みをさせるためのコールで、単純なフレーズのリフレインで飲ませる。こちらは中盤から後半にかけて。三番目の[ハイスピード系]は、女の子が一気コールに興味がなくなったピンポンパンゲームや王様ゲームの段階で使う。

［盛り上げ系コール］①

◯◯さん（飲む人の名前）、（パン、パン）、一パイ目、（パン、パン）、無理は承知、（パン、パン）、パーリラ、パーリラ、パーリラ、ハイ、ハイ、ハイ、パーリラ、パーリラ、パーリラ、ハイ、ハイ、ハイ（パーリラ以降はアップテンポで手拍子をリズムよく連打する）

［盛り上げ系コール］②

◯◯さん（飲む人の名前）のちょっといいとこ見てみたい、大きくみっつ（パン、パン、パン）、小さくみっつ、（パン、パン、パン）、◯◯さんみっつ（パン、パン、パン、パン）、ハイ、ハイ、ハイ、ハイ（ハイ以降はアップテンポで手拍子）

［盛り上げ系コール］③

（コンバットマーチのメロディで）

◯◯さんが飲むぅぞ、◯◯さんが飲むぅぞ、五秒で飲むぅぞ、五、四、三、二、一、ウゥー、ウゥー、ウゥー、ウゥー、ウゥー、ウゥー（曲のテンポに合わせて合いの手の手拍子を入れる）

［盛り上げ系コール］④

◯◯さん飲みがみたぁーい、（みたぁーい）、みたぁーい、みたい、（みたい）、◯◯さん飲みがみたぁーい、そりゃ一気に飲むーぞ、五、四、三、二、一（曲のテンポに合わせ、合いの手の手拍子を入れる。カッコ内は他のメンバーが復唱）

この後で、メンバーのひとりが女の子たちのひとりを指して、「○○ちゃん飲みがあまーい、（あまーい）」と同じ要領でやれば、他の女の子にもお酒を飲ませられる。

［盛り上げ系コール］⑤

（『森のクマさん』のメロディーで。他のメンバーは輪唱するのがポイント）

あるぅ日（あるぅ日）、○○さんが（○○さんが）、お酒が（お酒が）、飲み足りない（飲み足りない）、そそらイッキッキーのキー、そそらイッキッキーのキー（前半は、合間に手拍子、そそら以降は手拍子をテンポよく連打）

［盛り上げ系コール］⑥

（『アルプス一万尺』のメロディーで）

ひぃとり、ひぃとりで、すぅる、いっきを、オナニーいっきと申します、ラぁー、ララ、ラ、ラ、ララ、ラぁー、ラぁー、ララ、ララ、ララ、ラぁー（手拍子も忘れずに）

この「アルプス一万尺飲み」には、他に九種類のパターンがある。「ひとり、ひとりで」のフレーズを「ふたり、ふたりで」にかえ、「オナニー」を「セックス」に替えるのがひとつ。

以下同様に、「みっつみんなで」＆「乱交」、「四人嫁さんと」＆「お仕事」、「いっつぃっぱい」＆「ヤリチン」、「むっつ無理やり」＆「強姦」、「ななつ泣いて」＆「バージン」、「やっつ野外で」＆「アオカン」、「ここのつ合コンで」＆「ヤリコン」、「とおでとうさんの」＆「淫行」に替えたパターンがある。

ただし、このコールは、かなりどぎついので、最初から使うと女の子たちが引く。王様ゲームの段階になってから。

［飲ませ系コール］①

飲んじゃって（パン）、吐いちゃって（パン）、なんちゃって（パン、パン、パン）、飲んじゃって（パン）、吐いちゃって（パン）、なんちゃって（パン、パン、パン）

［飲ませ系コール］②

パーラ、パーラ、パラリラ、パラリラ、パラリラ、パラリラ、パラリラ、パラララ、パーラ、パーラ（パーラの時は左右に両腕をあげ、パラリラ以降は、テンポよく手拍子）

［飲ませ系コール］③

（『蒲田行進曲』バージョン。『蒲田行進曲』のテーマソングのメロディーで）

パーリラ、パリラ、パーリラ、パリラ、パーリラ、パリラ、パーパッパッパッパラー（テンポに合わせて手拍子）

［飲ませ系コール］④

パーリラ、パリラ、パーリラ、パリラ、パーリラ、パリラ、ホォー、ホォー、ホォー

このコールはアップテンポでリズムよくやる。

［ハイスピード系コール］

ハイスピード系は、フレーズ自体は単純だが、ともかくアップテンポではやす。手拍子もテンポに合わせて。シンプルな分、最初にやっても盛り上がらないので後半になってから使うのがセオリーだ。

①飲んで飲んで飲んで飲んで、のぉーんで
②いっていっていっていっていって、いっーてー
③ハイハイハイハイハイハイ

## 女の子が飲み終わったときの［コール］

［コール］で女の子が飲んだ時は、男のメンバー全員で、ジェスチャー混じりのかけ声をかける。「チャチャフー、チャチャフー、チャチャチャフーフー」とはやすのだ。「チャチャチャ」の時に手拍子、「フー」の時に、手の平を軽く握って拳をつくり、少しあげる。右、左、左右の順で。ピンポンパンゲームの段階まできたら、「チャチャチャフー、チャチャチャフー、チャチャチャフーフー」の後にさらに「あんたはお強いビヨヨォーン」と指さすようにすると、なおグッドだ。

飲めない子がいて、男が代わりに飲んでやったり、もうこれ以上飲めないという雰囲気になった時にも［コール］をかける。飲みに関してはすべて［コール］が存在するってわけ。たとえば、飲めない子がいる場合、隣りの男の子が、「愛情」といって、彼女にうなずかせる。その時、【日直】が次のコールを行う。

「愛情ルルルン、愛情ルルルン、あーいじょういっき、愛情ルルルン♥」

この間に男が彼女のお酒を飲み干す。

［ゲーム］で、また負けてお酒。「あーぁ」という表情を誰かが見せたら、男女に関わらず【日直】が、すかさず「苦しい?」と問いかける。うなずいたら、次のコールだ。

「苦しくったって、悲しくったって、お酒を飲めば平気なのぉー」と『サインはV』のメロディーで歌い、続けて「大きくみっつ、小さくみっつ」とやって飲ます。それでも飲まなかったら、【日直】は「限界?」と尋ねる。うなずいたら、今度は『鉄腕アトム』のメロディーで、「限界を超えーて、ラララ、星のかあなたぁ、飲むぞ、彼氏」とやって煽ろう。男が飲めなくなった時にやるのがポイントで、これをやると、女の子たちにウケる。

あまり飲んでいない人間がいる時は、ゲームで誰かが飲んだ後、そいつに切り返して飲ませる。その時のコールは、「○○ちゃんが飲んで、○○ちゃんが飲まないわけがない、小さく三つ、大きく三つ、ハイハイハイハイ」。

また、王様ゲームで誰かが、服を脱ぐことになった時のコールもある。ひとつのパターンは「チャラララー、チャラララー」という例のやつ。もうひとつは『レナウンガール』のメロディー。

「プールサイドに春がくりゃあ、ソソラそりゃソラ、いいわぁ、レーナウン、レナウン、レナウン、おしゃれでシックな、レナウン娘がわんさか、わんさ、わんさか、わんさ、エーイエイー、エエイー」

女の子が飲んだら臨機応変にコールを活用。切り返し用もあるので各自で研究。

## まず得意なレパートリーをつくろう

どうだろうか。いやあ、とてもこんなには覚え切れないよと思った人がいるかもしれない。しかし、実際にやってみると、案外、早くマスターできるものだ。モチベーションが高い分、勉強や仕事なんかよりずっと早く頭に入るのだ。「オレってこんなに頭がよかったのか」って、自分でもびっくりするぐらい。だから、それほど心配は要らない。練習と実践を繰り返していれば、おのずと身についてくる。

最初のうちは、あまり欲張らないのもコツ。全部の「ゲーム」「コール」を使おうなんて考えず、得意なものを三つぐらいずつ、取り入れていくことからスタートさせればいい。「ゲーム」のやり方や「コール」をメモして、カンニングペーパーをつくるのも手。こうして徐々にレパートリーを増やしていけば、いつの間にか、キミたちは、「ゲーム」と「コール」の達人になっているはずだ。

また、時代によって、どんどん新しい「ゲーム」が登場してくるので、それが「盛り上げ系」「飲ませ系」「H系」の、どのカテゴリーか考えるもよし。また、自分たちのオリジナルゲームを開発するもよし。重要なのは、三つをそれぞれ適切な状況で行うことだ。

# システムⅥ　抜け駆け、セックス自由自在の高等戦術

## 気に入った子がいれば、数を徐々に減らして何度も合コン

合コンをやってみたら、とても気に入った子がいた。あの子とつき合いたいけど、どうしたらいい…これはよくぶつかるテーマだ。そんな時に効果的なのが、徐々に人数を減らしていくってやり方。いきなり一対一でデートしようなんて申し込むと、相手は引いちゃうからね。複数で会うのには抵抗がなくても、一対一となると途端に及び腰になってしまう女の子は多い。彼女にとって、複数で会うのとふたりきりで会うのじゃ、ずいぶんとイメージが違うってわけ。でも、段階的に少しずつ数が減っていく分には、あまり気にならない。

だから四対四で合コンをやったのなら、「次は三対三でどう?」って誘う。その際、あとのふたりには、別のメンバーを連れてくるようにと釘を刺しておく。こちらはひとり減らして、同じメンバーで行けばいい。こうして、少しずつ人数を減らし、二対二になったところで、「ゲーム」と「コール」を使って、もうひとりの友人とセパレートで攻めれば、まず彼女は落ちる。何度か合コンを重ねているうちに、コミュニケーションの量も蓄積されているからね。どうしてもダメなら、

途中で断られるはず。

言い換えれば、好きな子がいて、落としたいと思った時は合コンを利用するのが一番。最初は合コンに誘って、徐々に人数を減らして、一対一の関係にしちゃえばいいってわけだよ。

でも、この方法を使うには、ひとつ「絶対条件」がある。それはチームの統制がとれていることだ。もし、気心が通じていないと、他のやつも同じ彼女に対して同じ作戦をとっている可能性も出てくる。だから、メンバーには、「オレはあの子とつき合いたい」と宣言しておく必要があるし、またみんなが協力してくれるぐらいの絆がなきゃあ、うまくいかない。

## メンバーの援護射撃で「プリズム効果」を出す

もっとも、何度も一緒に合コンをやったチームだったら、心配は要らないかも。合コンを数こなしてくると、合コンで恋人をゲットしたいという気持ちはだんだんなくなってくるからだ。最初のうちは、確かにオネエチャンを抱くのが最大の目的であっても、だんだんもっと深い楽しさに目覚めてくる。みんなでひとつのことを成し遂げた「達成感」といえばいいか。

合コンというチームスポーツの醍醐味は、人の力を合わせて相手（女の子たち）を打ち負かすってところにある。数を揃えて戦いを挑んでくる女の子たちに勝つ。一種の征服感っていうのか

**システムの総仕上げは高等テクの習得。ここからは通常の恋愛にも応用がきくぞ。**

な。この快感を覚えたら、あの子ひとりを抱きたいなんて思わなくなるんだ。それより、みんなと一緒に協力して、相手チームごと落としてしまう楽しみのほうを優先させるようになる。

しかも、かならずしも、キミと意中の彼女をくっつけるために開く合コンだって、仲間にとってメリットがないわけじゃない。彼女を軸にして、開くごとに相手のメンバーは変わる。枝葉が伸びていくわけで、その中の誰かとキミの仲間がくっつく可能性だってある。そうなると、こっちにとっても都合がいい。なぜなら、仲間の「援護射撃」が期待できるからだ。

たとえば、キミの惚れた彼女を仮にA子として、仲間がつき合い始めた子をB子としよう。そこで仲間に応援を依頼して、B子に「あいつ、どうやらA子のこと、本当に惚れているみたいだよ」と言ってもらう。男でも女でもいい情報は、直接言われるよりも、迂回して伝わってきたほうが、余計、うれしく感じられる。「プリズム効果」ってやつだ。こうしてお互いに援護射撃し合えば、両方ともうまくいく確率が高まる。「お前の時には、オレも協力するから、今回は援護射撃お願い！」と仲間に告げておけば、たいてい心強い味方になってくれるものだ。

これは、恋愛のテクニックとしても、ぜひ覚えておいてほしい。まだ全然つかめてもいない女の子に、「すごくきれいだ」とか「オレはお前に惚れているんだ」と連発してマジに迫る男がよくいる。でも、こういう男に限って、彼女をちゃんと落とせない。空気も読めないバカ男に、面と向かって激しく迫られると、女の子は怖くなっちゃうものなんだ。

だから、直接、気持ちを告白するよりも、プリズム効果を最大限に生かす方法で攻めるほうがはるかにうまくいく。本人同士が会っている時には、「かわいい」なんて一言もいわなくても、友人を介して「あいつ、A子のこと、かわいいっていつも言ってるぜ」などとB子に伝えてもらって、A子の耳に入れれば、A子にとっては、直接言ってもらうよりもずっと真実味があるように感じられるのだ。

合コンの強みも、このような連携プレイを発揮できる点にある。実際、「お前は黙って座っていろ。まわりがやるから!」で、何人のモテない君を彼女とくっつけたことだろうか。その後、ふたりでつき合い始めてうまくいくかは当人次第だけれど、少なくとも一回ぐらいは抱けるところまではいける。

## 本気でつき合いたい相手が来たときは、一次会で解散

「マジコン」では、勝負をかける時までは、一次会だけにとどめておくのもセオリーだ。二次会、三次会といって、ゲームが始まり、彼女がメンバーの男みんなとキスをした…なんて事態までいっちゃうと、どんなに割り切っているやつでも、「オレがつき合おうとしている女は、オレの仲間全員とキスした女だ」って気持ちがぬぐえずに、結局はうまくいかないからだ。そのためにも、チームの協力が絶対必要だ。

**プリズム効果は合コン・恋愛だけではない。人間関係の心理の基本ともなる理論だ。**

ただし、Hなところまでいかなければ王様ゲームも有効に利用できる。あらかじめ、仲間と打ち合わせをしておき、彼女の電話番号を聞き出す手段として王様ゲームを活用するのだ。

合コンで電話番号を聞く場合、ひとつの鉄則がある。それは、ひとりひとり個々に聞かないこと。おとなしい女の子だと、「私を狙っているんだ」と警戒してしまう。全員に聞くのが手だ。そのために、王様ゲームを使うってわけ。王様になった男が全員の前で命令し、全員の電話番号を交換させる。

もっとも、この時に、携帯電話に登録させるのはやめたほうがいい。携帯をみんながカチャカチャやり始めると、場の空気が一気に冷え込んでしまうからだ。電話番号交換では、居酒屋の箸袋を使う。ペンは前述したようにあらかじめ用意しておけばよいし、足りなければ、【雑用係】がサッと立って、店の従業員に貸してくれるように頼む。

## 彼女に好感を持たせようと思うのなら、メンテ係に徹せよ

自分たちのチームとは、違うグループの合コンに参加した。一回こっきりのグループなので、他人のことなんか知ったことじゃない。自分だけがうまくやりたいというケースもある。上手に抜け駆けするには、どうすればいいのか。

いきなり、ゲットしたい彼女を攻めまくる。これじゃあ、他の男たちに邪魔してくれといって

いるようなものだ。最初からスタンドプレーに走るようじゃあ、トラブルの種になってしまいかねない。

他のメンバーを立てながら、最初はジャブを打つべし。とりあえず、今まで述べたノウハウを使って、カップルづくりに協力しよう。明らかにお互いが好意を持っている男と女がいたとしたら、まず、ふたりをくっつける。一組まとめた実績をつくれば、キミがひとりぐらい女の子を持っていったとしても、誰も文句はいわない。

とはいえ、カップルをカタめている間に、狙いをつけた彼女を他の男に取られると元も子もない。同時進行でガードをする必要がある。彼女をケアするには、物理的に近い距離にいなければならないので、彼女の隣に座る。そして、飲み物や食べ物の世話を焼くのだ。ターゲットの彼女に配慮しつつ、カップルづくりもこなすというわけ。

僕らのシステムの【メンテ係】の役割に徹する。これは、誰でもどこでもできて、男女みんなに嫌われない方法だ。よそのチームに参加した時は、【メンテ係】の役割に徹するのが一番手っ取り早い。

一対一のデートで女の子を攻略するのにも、この手は使える。ブ男で、貧乏で金銭的にも、魅力がない。しかし、それでもモテまくる男が世の中にはいる。こうした男たちを見ていると、実によく気が回る。僕らのシステムでいえば、【メンテ係】に徹しているわけ。

**気配り専任のメンテ係にも隠された威力あり。合コンで身につけたワザを利用だ。**

【メンテ係】は、徒手空拳のモテない男が一発逆転するのには、たいへんいい方法なのだ。だから、自分には何の取り柄もないと思っている人がいれば、チーム合コンの際に【メンテ係】をいつも買って出て、その道のスペシャリストを目指せばいいだろう。

究極まで技を磨けば、モテモテ男になれる。そう信じて、メンテナンス道に励もうじゃないか。

## チームの禁じ手、封じ手は個人プレーでは有効

抜け駆けするには、自分たちのチームでは禁じ手、封じ手としていることを、すべてやってしまうというやり方もある。たとえば「終電は何時なの？」と、彼女に時間が気になるようなことをどんどん言わせる。

その夜に、彼女とふたりでフケるなんてことは、まず無理。もしそれをやってしまうと、いくらうまくいったとしても、問題になる。失敗でもしたら、もう目も当てられない。

まわりの男に悟られないように彼女を誘うとしたら、合コン途中、トイレに彼女が立った時や一次会の終わった後の階段の踊り場などにチャンスがある。こうした場所は、他のメンバーから死角になるからだ。

しかし、それにしても失敗したら、女の子はみんなに「私、この人に誘われちゃったの」なんて言い出すので、バレてしまう。したがって、その夜のアタックはあきらめ、後日に賭けるのが

セオリーだ。だから、他に虫がつかないよう、さっさと彼女を帰したほうがいい。そのために、彼女に時間が気になるようなことを言わせるというわけだ。

でも、後日、アタックするとすれば、彼女の連絡先を聞いておかなければならない。彼女がトイレに立った時や階段の踊り場で尋ねるという手もあるが、他にも周囲にバレずに、電話番号をゲットするとっておきの方法を教えておこう。

「僕の携帯、バッテリーが切れているんだ。申し訳ないけど、ちょっとキミの携帯貸してくれないかな？」と彼女の携帯を拝借する。そして、自分の携帯に電話をかけるのだ。そうすれば着信履歴が残っているので、彼女の電話番号がわかるというからくりだ。彼女が非通知発信にしていたら、この方法は通用しないけど。「いきなり電話したら、彼女に警戒されやしないか？」って。僕の経験からいえば、大丈夫。キミに少しでも好意があれば、嫌がることはないはずだ。

他の男に取られないように、ほめ殺しをかけるのも、常套手段だ。相手を蹴落としたい時には、逆に「ほめ殺し」を使うと効果的だ。

たとえば、メンバーが足りず、仲間が連れてきたのが、超の字がつくほどルックスのいい男だったとしよう。そいつを殺すのは簡単。「ホント、カッコイイよね。オレなんか全然」などと、ほめてほめてほめまくれば、かえって彼のカッコよさが帳消しになり、女の子たちは、ほめている男のほうに興味を持つものだ。これと同じ手で、彼女を奪いそうな男は封じ込んでおこう。

## 携帯の番号を教えてもらったら、間髪入れずトイレからかける

合コンをやっている最中に、彼女が自分に好意を持っているのが明らかだと感じた。どう考えてもいけそう。

こんな時は、ふたりっきりになれるよう画策してみるのも悪くはない。どうするか。携帯の電話番号を聞いたら、すぐにトイレに駆け込む。トイレから自分の携帯で、彼女に電話してしまうのだ。こうすれば、他のメンバーにはわからないように、彼女と話ができる。

「どう、一次会終わったら、ふたりだけで二次会しない？　僕は一次会が終わる前に店を出て、○○で待っているから」などと約束を取り付けよう。それまでの会話が盛り上がっていれば、誘い出せるはず。もしも断られたら、「オレはまだ空気が読めないいんだ」と素直に認め、うぬぼれを強く反省しよう。

ふたりで消える場合、一緒にフケると他のメンバーから反感を持たれる。だから、時間差を設けて、あとで落ち合うのが秘訣。ただし、女性が先で男性が後だと、彼女を追ったのだと勘ぐられる。よって、男性が先に出て、女性が後が好ましい。

みんなに「ちょっと、オレ、用事があるので、先に帰るわ」と告げて、キミのほうが先に出て、待ち合わせ場所で待てば、誰からも何の疑惑も持たれないってわけだ。

もっとも、その日にカップリング行動を取るのは、前述したように非常に危険。相手が自分に確実に好意を持っていることを確認してからでなければ、行動を起こしてはならない。

## 女の子の自分に対する気持ちを見分けるポイント

じゃあ、相手の気持ちは、どう見抜けばいいのか。

チェックポイントは話題。相手の女の子が「彼女、いるの?」なんて尋ねてくれれば、脈がある。ただし、消極的な子の場合、好意を抱いていても、向こうからは切り出してこなかったりする。そこで、こちらから水を向けてみよう。「彼氏、何人いるの?」。「彼氏いるの?」ではなく、「何人いるの?」と冗談めかして笑いを誘うのがポイント。「今週は三人」なんてとぼけた答えをする子もいるけど、ともかく「自分は?」とか、これをきっかけに、こちらの彼女の有無を尋ねてきたり、さらに話を向こうから発展させるようならば、キミに多少なりとも関心を抱いている証拠だ。逆に何も反応がなければ、気がない。いきなりアタックするのは、危険だ。

「どう、調子?」と、尋ねてみるのもあり。「ちょっと酔っちゃった」とか、「もうヤバイかもしんない」「飲み過ぎちゃった」とか答えた子は、少なくともキミに警戒心は抱いていないので、ていねいに流れを運べば、うまくいくと判断していいだろう。

**このテクは初公開! 番号聞いたら携帯即かけは意外性満点の口説き戦術なのだ。**

スキンシップもうまく取り入れたい。スキンシップは、彼女の気持ちを確認する材料になるだけでなく、コミュニケーションを円滑に図るためにも有効だ。たとえば、同じ沿線に住んでいる子がいたとしよう。こんな時は、間髪入れず、「握手！　握手！」と手を握る。一瞬のためらいもなく素直に手を出してきたら、キミを嫌がっていない証拠だ。少し長く握ってみよう。もし、それでも手をしっくりと握っていれば、なおのこと好意を抱いていると判断できる。でも、いつまでも握ってるんじゃないぞ。

頭をナデナデする方法もある。お酒を彼女が飲み干したりすれば、すかさず「いい子、いい子」と頭をナデナデする。髪を触れて、イヤな素振りをしなければ、少なくとも嫌われてはいない。同様に彼女の膝に何げなく触れるのもひとつの手だ。

## 野外コン、ホテルコンにもチャレンジしてみよう

毎度、居酒屋コンだけでは、飽きてくる。たまには、公園での野外コンを取り入れてみよう。野外コンの魅力は、安上がりで、しかも開放感があり、盛り上がりやすいという点だ。

ノリのいい子たちなら、ホテルコンに誘ってみよう。冒頭でも触れたように、ホテルコンは最近、流行っている形式で、文字通り、ホテルの一室で合コンを開く。ホテルなら誰にも気兼ねがいらないし、完全な密室。Hまで到達できる可能性もハネ上がる。

ただし、ホテルの宿泊費が必要なので、金銭的な出費が心配だ。そこで安くあげるコツ。ホテルの予約は女の子たちにしてもらう。最近はどのホテルも格安の「レディースプラン」を用意している。これを利用して割引価格で部屋を確保するってわけ。食べ物や飲み物はもちろん持ち込み。めいめいがカバンに入れて集まる。

ホテルコンは、会場設定にもセオリーがある。「まったりと床で」が基本。テーブルやベッドを寄せて、床に座り、リラックスした状態で行うのがコツだ。

また、十一時頃にはおしまいにするのもルール。ひとり分しかチェックインしていないのに、そのままみんなで泊まるなんてマネをしてしまうとあとあと問題になる。

野外コンやホテルコンでは、オリジナルカクテルをうまく取り入れるのも鉄則。居酒屋と違って、こちらでお酒をつくれるのだから、なるべくならアルコール吸収力があるお酒を飲ませたい。僕らの用語でいえば「キック力のある酒」だ。

ちなみに、僕らが専売特許にしていたのは、リキュールのスポーツドリンク割り。スポーツドリンクはご存じの通り、生理液と同じ濃度で、ともかく体への吸収度はピカ一。これで割れば、アルコールがたちまち体の隅々まで行き渡るという寸法だ。女の子にも飲みやすい味なので、ぜひ、お試しあれ。

**相手の気持ちが間違いなくつかめたら卒業も近い。だがそれだけ難しいのも当然。**

## ホームパーティに適しているのは…

ホームパーティは、「ヤリコン」の花だ。二次会からいきなり、ホームパーティ、三次会から家へなだれ込む。いずれにせよ、ホームパーティに持ち込めれば、Hができるチャンスが大きく膨らむ。でなくても、オールにしやすいので、親密度が深まる。チーム力が上がってくれば、ホームパーティにチャレンジしてみよう。

ホームパーティを開くには、まず、家を提供する人間を決めておかなければならない。で、問題はホームパーティ向きの部屋。立地からいえば、駅から近いのが第一の条件。雨の日のことも考えてアーケード街を通っているのなら、理想的だ。歩いていく途中に、二四時間、酒やタバコを売っているコンビニなどがあれば、なおけっこう。

もっとも、立地よりも重要なのは建物のつくり。僕らのシステムでは、「飲み系コール」などメチャクチャ騒ぐ。だから、壁の薄いアパートや外に声が漏れてしまう部屋では、近所迷惑になる。ヘタをすると、隣りの人間に怒鳴り込まれる。せっかく家まで女の子を連れてくることができたのに、いきなりチョンでは、泣くに泣けない。

マンション、部屋ができるならば上の階であればあるほどいい。高層マンションの七階ぐらい上なら、少々声を張り上げても、周囲には聞こえない。次に引っ越す時は、防音などもチェックして、ホームパーティを開きやすい物件を探すといいだろう。

## ホームパーティへの絶妙な誘い方

ホームパーティに彼女たちを誘い込むためのトークも伝授しておこう。

ほとんどの女の子は、ホームパーティに行ってもいいな、と思っていても、やはりすぐに男の家に行くのは、抵抗があるもの。何か言い訳が欲しい。こちらがその言い訳を考えて、提示してあげることがミソなのだ。

最もオーソドックスなのは、食べ物や飲み物をダシに使う方法。たとえば、「家にはボジョレーヌーボーが買い置きしてあるから、みんなで飲もうよ」とか、「せっかくみんな盛り上がっているんだから、今日はイイお酒を飲みたいよね。ここいらの店で飲んだら一〇万円ぐらい取られるシャンペンがあるんだ。今夜は楽しい子ばっかりだから、抜いちゃうよ」とか、「おみやげに上司からもらったキャビアがあるんだ」などと高級酒や高い食材をダシに誘うのだ。

「外で飲み食いすると高くつく」と匂わせるのも手。女の子が二次会以降気になるのは、前述したように、「時間よりもお金」だ。だから、ホームパーティなら費用がほとんど要らないという点を強調しよう。

**ヤリコン成功の日も近いけど、種々のトラブル対策は肝に銘じておくように。**

もちろん、騙し討ちはいけない。あらかじめ、女の子が興味を示しそうな高級なお酒や食べ物を仕入れておく。今は、お酒のディスカウントショップがいっぱいある。メンバーから会費を徴収すれば、高いお酒でもそれほど負担なしに買える。

もうひとつ、家の提供係が事前に用意しておかなければならないことがある。それは「照明の調整」。ホームパーティでは、照明はできるだけ点けずに、暗めの中でやると、ムードが出る。点けても豆球程度の明るさがセオリーだ。

これを自然にやるために、あらかじめメイン電球のコンセントを抜いておくのだ。そして、家に着いたら、「あれ？　壊れている！」と驚けば、女の子にも疑問を持たれずに済むというわけ。あとは居酒屋コンの二次会の要領で、「ゲーム」と「コール」をふんだんに取り入れて、場を盛り上げていけばよい。

## インスタント・ラブ作戦はあくまでも合意の上で

ひと通り盛り上がり、もうそろそろ宴も終わりに近づいた。終電も終わって、もうみんな帰れない時刻だ。女の子も床でまったり座っている。ここで【日直】が眠そうに「もう、寝るか」とサインを出す。家の主が布団や毛布を押入から取り出し、みんなに配る。

この時点では、いくつかカップルができているはず。カップルは男女一組で毛布なり、掛け布団なりに潜り込む。男が腕枕をしてあげるのも鉄則だ。

さあ、いよいよいくか。はやる気持ちはわかるけど、ここでいきなりはない。男は全員、寝たふりをする。最初の五分くらいは、女の子たち同士で「明日、授業あるの？」なんておしゃべりが始まる。この間も無言で、一五分間ぐらいは、一切動かない。寝息を立てるぐらいでちょうど。女の子たちのおしゃべりが終わり、彼女が「男の子たちは、寝ちゃったのかな」と思った時がアクションを起こすタイミングだ。

まず、彼女の頭をナデナデする。そして徐々に彼女をこちら側にたぐり寄せて、いよいよHへ。ひとつのカップルがこれを始めたら、他の女の子たちも気配を察して、「私もするのかな？」と思う子も出てくるので、他のカップルもやりやすくなる。僕らはこれを「インスタント・ラブ作戦」と呼んでいた。

ただし、注意がひとつ。女の子が拒否しているのに、無理やり抱くようなマネは絶対やらないように。そんなことをすると、レイプで訴えられるぞ。あくまでも合意の上で、決行すべし。

## 翌日の朝食はみんなで一緒に食べる

朝になって、みんな起きた。じゃあ、バイバイではあまりにも素っ気ない。合コンはまだ続い

**Hは必ずできるけど、騙し討ちはいけない。盛り上げてから自然なスタンスで。**

ていると思え。

ホームパーティでなくても、朝まで一緒にいた時は、朝ご飯はメンバー全員で食べるのが定石だ。これをやると一体感が高まり、親密度も急上昇する。お互いに、相手のグループに対してポジティブな気持ちになっているので、「今度、また合コンしようね」なんて話になるはずだ。ここで、相手のグループが気に入っているのなら、はじめて電話番号を交換するという手もある。

ヤリコンでは、電話番号をあまりに早い時点で交換すると、場合によってはまずい事態になりかねない。なぜなら、抱いたのはいいけれど、つきまとわれる危険性があるからだ。相手が恋人にしたいタイプならいい。しかし、そうでないのなら、ストーカー予備軍をつくらないように、注意を払っておかなければならない。ホームパーティを開く際も、行きと帰りは違う駅を利用するぐらいの用心が必要だ。

まあ、いずれにしても、ホームパーティで「オール」が確定した場合は、焦って電話番号を聞く必要はない。電話番号を知りたければ、朝の食事タイムに交換しよう。

食事は部屋でなく、必ず外で。部屋の中は、昨夜の余韻で乱雑に散らかっているので、部屋で食事をしてしまうと、昨日のことが思い出されて好ましくない。さわやかに別れるのがコツ。僕らが利用していたのは、マックやデニーズだ。とくにマックは、朝はほとんど客がいないので、ゆっくりできる。そして食事が終わったら、駅まで女の子たちを見送って、彼女たちとはお別れだ。

男性陣には、まだ仕事が残っている。部屋の掃除と反省会だ。家の提供係のマンションに戻って、全員で掃除する。これを抜かすと、部屋を毎度、提供しているメンバーが嫌がるようになって、ホームパーティの会場が確保できなくなる。それはそうだろう。毎週のように部屋を荒らされ、自分ひとりで後かたづけをしなければならないのなら、不満も出てこようというものだ。だから、全員で掃除は「義務」。掃除をしながら反省会も同時に行えば、一石二鳥だ。

## 男同士の絆も深める合コン

僕らのシステムを取り入れれば、女の子をゲットできるだけでなく、今までキミたちが味わったことのない楽しさも満喫できる。

このシステムを開発したきっかけは、いうまでもなく、オネエちゃんと仲良くなりたい、もっと露骨にいえば抱きたいだった。確かに最初は欲望が先行していたけど、五〇回、一〇〇回とやっているうちに、僕らは別の醍醐味を感じるようになった。

その一、「一種の達成感」。合コンでは、女の子たちもチームで挑んでくる。彼女たちのチームをみんなで協力して打ち負かす。言い換えりゃあ、こっちの意のままに女の子の軍団を動かす醍醐味ってやつだ。時には、手強いチームにぶつかることもある。そんな強豪をもチームプレーで

**合コンは女の子ゲットだけが目的ではない。就職、仕事にも役立つ人間道場なのだ。**

破っていくうちに、一種の達成感を感じるようになるのだ。

その二、「男友だちの輪」が広がるきっかけになる。僕らのシステムはチームプレーで合コンをやるという方式なので、みんな新鮮だ。うまくやれれば、それだけの成果も上がるので、メンバーが自然と、「こんなおもしろそうなやつがいるけど、メンバーに加えたら」と言い始める。

こうして友だちの輪が広がり、サークル化していく。いろんな個性のやつと知り合うきっかけにもなった。そのうちに、チームからどんどん独立していく者が出て、また彼らが新たなチームを編成、経験を積んでパワーアップして帰ってきたりする。そんな連中と「ドリームチーム」を組んで、合コンをやったこともあった。アイコンタクトだけでお互いが空気を読み、アウンの呼吸で合コンが進んだ。こんな楽しみを味わえるのも、合コンならでは。

その三、「男たちの友情」が深まる。共同作業を真剣にやれば、男同士の絆も深まり、友情が培われる。決して大げさではなく、強い連帯感で結ばれるのだ。実際、僕が今でもつき合っているのは、学生時代の同級生ではなく、かつての合コン仲間。気心の知れた親友をつくりたかったら、合コンほど最適の手段はない。

次は番外編だけど、「学生なら就職に、社会人なら仕事に役立つ」。合コンを究めていけば、チームワークの何たるかがわかってくる。会社の仕事とルーツではつながっている。だから、仕事もうまくできるようになる。学生なら面接の時のネタもできるし、チームで動いていた経験は得点も高い。実際、某テレビ局に合コン体験を披露して就職した先輩がいる。

合コン道はキミたちが思っている以上に奥が深い。ちょっと女の子を抱けたからといって有頂天になるな。彼女ができてもずっと追求していこう。そうしてオリジナルの合コンのノウハウとシステムができあがれば、もう、キミたちは合コン・プロフェッショナルだ。

SEIKO SHOBO

ゴトー式《しき》 合《ごう》コン最強《さいきょう》システム

2000年7月5日　初版第1刷発行

責任監修　後藤《ごとう》よしのり

著者　野田慶輔《のだけいすけ》

＊

発行者　林 英樹
発行所　株式会社 成甲書房
東京都千代田区猿楽町2-2-5 〒101-0064
TEL 03-3295-1687　FAX 03-5282-3136
振替 00160-9-85784
E-MAIL mail@seikoshobo.co.jp
URL http://www.seikoshobo.co.jp
印刷・製本 株式会社シナノ

＊

定価はカバーに表示してあります。乱丁・落丁がございましたら、お手数ですが小社までお送りください。送料小社負担にてお取り替えいたします。

ISBN4-88086-103-0